Caminhando nos Himalaias

Alcio Braz

Caminhando nos Himalaias

Diário de uma peregrinação

Ilustrações de Flavio Pessoa

GRYPHUS

Rio de Janeiro

© Alcio Braz

Ilustrações
Flavio Pessoa

Revisão
Maria Helena da Silva

Editoração eletrônica
Flex Estúdio (www.flexestudio.com.br)

Capa
Gabinete de Artes (www.gabinetedeartes.com.br)

Adequado ao novo acordo ortográfico da língua portuguesa

CIP-BRASIL. CATALOGAÇÃO NA PUBLICAÇÃO
SINDICATO NACIONAL DOS EDITORES DE LIVROS, RJ
....
B839c

Braz, Alcio
    Caminhando nos himalaias : diário de uma peregrinação / Alcio Braz. - 1. ed. - Rio de Janeiro : Gryphus, 2018.
    120 p. : il. ; 21 cm.

    ISBN 978-85-8311-114-6

    1. Viagens - Aspectos religiosos. 2. Trabalho voluntário. 3. Peregrinos e peregrinações. 4. Budismo. I. Título.

18-49747
                          CDD: 294.3442
                          CDU: 24-584
....

GRYPHUS EDITORA
Rua Major Rubens Vaz, 456 – Gávea – 22470-070
Rio de Janeiro, RJ – Brasil - Tel: +5521-2533-2508/2533-0952
www.gryphus.com.br – email: gryphus@gryphus.com.br

Sumário

Prólogo 7
Agradecimentos 9

Parte I
Separação

Capítulo 1   Início da peregrinação 15
Capítulo 2   Katmandu 21

Parte II
Umbral

Capítulo 3   Encontrando o medo 27
Capítulo 4   Os quatro selos do Darma 31
Capítulo 5   Shenpa 39

Parte III
Renascimento

Capítulo 6   Renascimento 47
Capítulo 7   O tufão vai chegando despercebido 55

Parte IV
Retorno

Capítulo 8   Machakhola, uma ponte longe demais 67
Capítulo 9   Voltando para o Ocidente 73

Parte V
Os Bardos

Capítulo 10   Calor na ilha do gelo 81
Capítulo 11   Bailando com as dúvidas 89
Capítulo 12   Abraçando a solidão, encarando a missão 99
Capítulo 13   Continuando a peregrinação 111

Prólogo

Começando pelo final, em Londres, 3 de novembro de 2013, como fica bonito nos livros de hoje em dia.
Sentado no restaurante italiano, observo o fluxo contínuo de pessoas e carros em Cranbourn Street. Massa, vinho branco, tempinho frio. Em suma, cinza londrino. Como todos os seres, vivemos nos alimentando, nutrindo-nos da vida e nutrindo a vida. Nossos encontros são fruto de escolhas, algumas conscientes, outras inconscientes, todas derivadas do carma entrelaçado de milhões de vidas...
Antes, no Tate Modern, tinha sentado e meditado com Rothko, no silêncio do eco dos passos na madeira abstrata, a tranquilidade de nada ser e só acontecer neste momento, em que tudo aparece e desaparece entrelaçadamente, tudo é e se desvanece na névoa do esquecimento, morte cotidiana.
Este livro é feito de algumas dessas histórias e escolhas. São as que se manifestaram através desta forma momentânea que chamo de eu, Alcio. E que escolhi relatar para que possam viver em nossos entrelaçamentos. Assim como todos os personagens, que em geral não nomeei, protegendo suas privacidades, exceto alguns cuja existência em meu coração quero deixar nomeada e aqui gravada, para que você possa recebê-los e passeá-los em seu coração. Assim como na minha peregrinação as histórias e escolhas se entrelaçaram carmicamente, com as escolhas minhas e dos demais viajantes terminando por nos levar àqueles encontros, assim também o leitor, cujo próprio carma tornou-o leitor deste livro, poderá construir aqui sua própria jornada.
Por mais que os papéis de monge, psiquiatra, terapeuta,

pai e marido possam ser idealizados, resultam dessas escolhas e entrelaçamentos. Aproveite o que lhe for útil deste relato e construa seu próprio caminho.

Não é um guia de viagem externa, mas um registro de alguns momentos especiais da peregrinação interna, que na verdade não tem começo nem fim. E está escrito em linguagem coloquial, como registro vivo. Sei que muitos preferem a norma culta, mas a língua é viva e não pertence a ninguém. Lamento se ofendo a sensibilidade vernácula de alguns.

Alcio Braz, digitando na Rua Faro, no Jardim Botânico, cidade do Rio de Janeiro, e na Pousada Itororó, no Alto Curuzu, Nova Friburgo, ambas localizadas no Estado do Rio de Janeiro, Brasil, coisas que foram redigidas durante as andanças e voos de setembro, outubro e novembro de 2013.

Agradecimentos

Para continuar, agradecendo...
Agradeço a todos os meus companheiros de prática e de jornada, na vida inteira e nesta peregrinação específica, me perdoem se não os cito a todos, nome por nome. Nossos laços de amor me sustentam e sustentaram nos caminhos de lá e de cá.

Entretanto, deixo registrados especialmente:

- Minhas filhas, Ana Paula, Ana Beatriz e Ana Carolina, que me incentivaram e apoiaram todo o tempo, assim como meus genros, filhos que a vida me trouxe;
- Marcia, Maria do Carmo, Francisco e Tequila, que vivem e me acompanham no coração e cujo apoio vivia pedindo nos momentos mais tensos;
- Minha professora Joan Halifax Roshi, que me convidou para esta aventura e cuja energia e inspiração a tornam realidade há 20 anos;
- Meus irmãos e professores sherpas, especialmente Nurbu Lama e Tsering, que me mostraram o que é atenção plena passo a passo, o cuidado amoroso constante e o que é desapego de qualquer resultado: vida e morte que seguem, no fluxo das montanhas e das águas, darma vivo.

E reproduzo aqui um e-mail que enviei para a família, amigos e alunos logo antes de partir de Katmandu para as trilhas dos Himalaias, que serve de dedicatória neste livrinho:

Amigas, Amigos, Irmãs e Irmãos, todos vocês meus queridos... à distância mais claro ainda o quanto curto vocês e o quanto vocês me sustentam com seu afeto. A partir das 7:30 da manhã aqui em Katmandu (de quarta, aí no Rio serão 22:45 de terça) estaremos partindo, nossa caravana de 99 pessoas, para a região remota do Nepal, Tsum e Nurbri, e ficaremos sem comunicação com o mundo virtual e eletrônico. Um dos guias tem um telefone via satélite para emergências, mas de fato só voltarei a falar com vocês, por aqui ou e-mail, em 19/10 próximo, quando estaremos de volta em Katmandu, se tudo der certo. Aqui, 01:18 de terça. Amanhã, 25, às 7:30 começa nossa aventura rumo ao Manaslu. Que Buda e os bodisattvas nos estimulem a praticar, que os orixás e todos os deuses e deusas de nossas crenças nos acompanhem e que o amor de vocês todas e todos nos sustente em nossa caminhada. Que possamos ajudar os seres e continuar a aprender com a natureza. Que nossa saudade tempere nossa experiência e possamos todos amadurecer juntos, e que nossas despedidas, mesmo a última, quando for a hora, possam ser um até breve...

Vocês me emocionam sempre, tô muito coração aberto aqui, chorando fácil, fácil. Hoje de manhã circumambulamos três vezes a estupa de Boudhanath, rezando para que Avalokitesvara nos inspire nessa viagem... é uma tradição nas peregrinações aqui, pela vida ou pela morte. Pensei nos vivos queridos, como minhas filhas amadas e meus genros queridos, como todos vocês, nos mortos queridos, como a Marcia, minha mãe e o Tequila, meu pai, meu irmão, o Feliz, a Edna, enfim, em tantos, inclusive os que estão no meio do caminho. O som dos sutras cantados pelos monges tibetanos num templo próximo conduzia meu coração e o incenso dava certa *consistência no ar... rodas de oração faziam as palavras cavalgar o vento...*

Desejo a todos que seus corações também possam se reunir com aquilo de que nos separamos lenta e insidiosamente nas vidas constrangidas pelas opressões e pressões cotidianas, e que possam encontrar seu próprio caminho sagrado.

Possam todos os seres se libertarem...um abraço muito forte, muito sentido

Alcio

I
SEPARAÇÃO

Capítulo 1
Início da peregrinação

AIRBUS DA EMIRATES, VOANDO SOBRE O SUDÃO, INDO PARA DUBAI, 20 DE SETEMBRO, SEXTA-FEIRA, MAIS OU MENOS 16:00.

Inicio aqui meu diário de bordo desta peregrinação budista, médica e existencial. Ao encontro de mim mesmo, dos meus medos, meus recursos, minha história e minhas despedidas.

Assisti a um filme bem legal, *After Earth*, do Will Smith com o filho dele. Fala de como enfrentar medos, fobias e suas relações com perigos reais, enfim, como viver o aqui e agora e fazer o que tem de ser feito da melhor maneira possível.

Vou anotar o que for possível. Este diário é também um mapa para futuros viajantes. Importante: preparação para a viagem. Essa, eu fiz, do melhor jeito que podia, pedalando quatro a cinco vezes por semana na aula de *spinning* do meu prezado professor Tarcisio Santana, na Academia Gávea Gym, onde dava aulas de meditação e tentava malhar um pouquinho, ajudado pelas orientações do meu amigo e professor Zé Carlos Pires... dá para perceber quantos professores tenho. Nos fins de semana ia para o Alto do Curuzu, na Pousada Itororó, do meu irmão Rainer Dungs, onde recebi orientações básicas sobre trilhas na montanha, subindo o morro do Porcelet. Tudo bem, 1.400 metros de altitude, o melhor que arrumei por aqui. Sou um ser da beira-mar...

É preciso ter cuidado com os preparativos do tipo mala e bagagens, levar só o realmente necessário e ter calma para fazer a arrumação. A aceleração do trabalho e das tarefas a resolver ou a deixar para os demais logo antes da partida pode nos ajudar a perder a atenção plena, sendo arrastados por *kleshas* (obstáculos emocionais) tipo medo/ansiedade/ expectativas, ou mais prosaicamente esquecer itens importantes. No aeroporto percebi ter esquecido meus bastões de caminhar e meu colírio. #chateado...

O medo é uma construção mental que tem a ver com ficar fora do momento presente. Deixar de aproveitar os momentos e suas lições. Por outro lado, ainda não precisei do bom e confiável alprazolam, que não uso frequentemente, mas que gosto de saber que está à mão. Bem, já são dez horas de peregrinação numa boa (risos).

Ao ler esta parte, lembrei que antes da partida tinha registrado pensamentos e sentimentos, essa elaboração psíquica também é parte da preparação para a peregrinação. Fui procurar e achei os registros a seguir.

RUA FARO, 5 DE SETEMBRO, 23:50

Lendo antes de dormir. The Sense of an Ending, *de Julian Barnes, presente de uma amiga. Memórias ficcionais. Mas quais não o são? A cada momento reescrevemos nossas lembranças. As realidades percebidas são sempre ficcionais.*

Verdade que estou praticando aprender a viver só. Criando rotinas que me dão a sensação de ordem na vida. Cuidar da saúde, manter a casa, trabalhar, praticar, ficar vivo.

Cuidar dos meus laços afetivos, meus links com a vida. Minhas filhas queridas. Minhas amigas e amigos irmãos. Meus professores. Meus alunos. Meus pacientes. Meus conhecidos. Meus desconhecidos. A Luna.

Saudade dos meus mortos queridos. Sobreviver talvez se contabilize pela coleção dos que já se foram. Costumo recordá--los sempre que sento para meditar, é uma forma de lembrar que vivemos na vida-e-morte, mas aos poucos vou fazendo uma seleção, senão não dá tempo de meditar.

Estou lidando com o medo da viagem ao Nepal, medo do meu medo. Ao mesmo tempo, com uma excitação juvenil contida pela aventura, finalmente fazendo algo mais aventuroso aos 56 anos, quase 57. Envelhecendo bem? Talvez. Com um gosto doce-amargo no coração. Ainda fazendo amigos e amigas. Com menos autoengano? Quem sabe? Pelo menos, com mais boa-vontade comigo mesmo. E um esboço de compaixão pela humanidade. Uma compaixão irada...

RUA FARO, 10 DE SETEMBRO, 6:10 DA MANHÃ.

Tive uma forte crise de medo (engraçado, fiquei na dúvida na hora de descrever, colocaria ansiedade ou medo?) agora, logo depois de acordar às 5:30 da manhã.

Fui, ou melhor, vim para a cama por volta das 23:40 ou meia-noite, vindo da casa de amigos onde jantei, na última reunião daquele grupo de trabalho e convívio antes da viagem-peregrinação. Não passei bem no final do jantar, acho que minha pressão caiu, meus amigos perceberam, mas como estava na hora de voltar para casa, tudo bem.

Me senti muito só ao chegar, queria ligar para alguém e não tinha para quem desse vontade, realmente, queria colo. Dormi pelo cansaço, apaguei.

Acordei às 5:30 com o abajur aceso, o celular ao lado na cama... Achei até que estava com as lentes de contato nos olhos ainda, mas não. E aí me veio o medo da viagem.

Claro que já tinha tido antes, desde o início do projeto, mas hoje foi um puta medo, por isso fiquei em dúvida quanto à nomenclatura. Agora entendo a noite escura da alma, porque no decorrer desses minutos de agonia pensei que não quero morrer nunca, que morrer é ir para um lugar de separação de tudo e todos, é não poder ligar para ninguém... Claro, supondo que haja um depois.

Lembrei-me da morte da Marcia, minha querida, meu salvo-conduto nessa selva escura. E senti uma imensa solidão. En-

tendi pela primeira vez a peregrinação como essa jornada pela vida. E tomei um meio alprazolam de 0,5 mg, porque não sou de ferro. Sou bem mole, aliás.

Percebo que buscamos parceiros nessa jornada em direção ao desconhecido, ganhando um salvo-conduto relacional que nos ajuda a atravessar o oceano da vida. E não há nada de mau ou errado nisso. Faz parte da experiência humana, e que bom quando experimentamos esse memorável estar juntos. Mas faz parte também encarar a dor da solidão, o medo que aperta o coração. A sensação de não ter a quem recorrer e o ter que lidar com isso.

Quem cuida do cuidador? Um terapeuta é a solução que me vem à mente, e esboço um sorriso ao pensar que na falta de um parceiro amoroso, vem a solução de um parceiro contratado. Uma testemunha contratada para me assistir na vida. Um terapeuta, assim como um parceiro amoroso, é uma experiência necessária na vida, para que a gente possa crescer e aprender a ficar sozinho. Mas agora é o momento de experimentar a grande travessia sozinho.

Penso nas minhas filhotas que foram meu salvo-conduto tantos anos, cuidando delas me sentia útil, necessário. Meus pacientes. Meus alunos. Servir é uma forma de lidar com essas dores. Talvez a forma.

Tenho alguma inveja delas, acompanhadas que estão nessa travessia. Por outro lado, rezo para que assim continuem. Olho para meus amigos e entendo porque enfrentam dificuldades às vezes gigantescas para continuarem atravessando juntos.

RUA FARO, 15 DE SETEMBRO, 8:00 DA NOITE

Hoje fiz um périplo de despedida, domingo de sol no Rio... Vista Chinesa com uma amiga, praia de Ipanema com outros amigos, andar na Lagoa sozinho no intermezzo e jantar com outra irmã.

Ontem fui ao casamento de uma das melhores amigas de

uma das minhas filhas e dancei muito, naquela alegria tingida de melancolia, lembrando de várias festas e várias danças na vida.

Durante a semana estive com amigos e amigas. Com todas as trocas, estive mais inteiro e fui entendendo melhor meus medos, minhas ansiedades e meus recursos. Compartilhar sentimentos e reflexões durante todo esse período de preparação tem me ajudado a identificar conflitos, elaborar situações emocionais e poder praticar com mais presença e menos distração.

Sexta de madrugada estarei partindo...

Capítulo 2
Katmandu

KATMANDU, 21 DE SETEMBRO, SÁBADO, 11:15 DA NOITE, NO HYATT REGENCY, EM UM QUARTO COM VISTA PARA A ESTUPA DE BOUDHANATH.

Vou dormir, mas quis escrever algo aqui.

4:00 DA MANHÃ...

Essa coisa de *jet-lag* realmente pega. Estou acordado, sem sono, cansado. Dá uma mistura de ansiedade, pressa para começar, pressa para acabar. Na verdade, um ataque de controle. Ao mesmo tempo, uma percepção mais aguda da falta, e uma experiência de cada conforto da civilização como se fosse a última vez. Que banheiro maravilhoso!

Em um passeio com meus novos amigos, dois me falaram de seus medos e ansiedades. Não sou um caso isolado, o que me consolou.

Existe um lugar de calma dentro de mim, que aprendi a visitar praticando e aceitando meus medos e ansiedades.

A cabeça e o corpo aqui ainda estão chegando. Não dá para escrever mais nada.

SOTHIKHOLA, 26 DE SETEMBRO, QUINTA-FEIRA, 6:00 DA TARDE, EM UM ACAMPAMENTO, ESCREVENDO NA MINHA TENDA.

Segundo dia de peregrinação fora de Katmandu, primeiro dia de caminhada.

A primeira noite na barraca foi boa, dormi bem com tandrilax e alprazolam. Recomendaram-me usar o tandrilax como preventivo, mas assim mesmo hoje já fiquei com o tornozelo esquerdo bem inchado, efeito da longa caminhada – de sete a oito horas, com um intervalo para almoço de uns quarenta minutos – sobre uma articulação já cansada de outros carnavais.

Aqui tem um rio lindo (*khola* em nepali é riacho, mas este é um riacho bem grandinho e com águas rápidas e bem falantes), onde lavei umas roupas como minha avó fazia em Santana do Ipanema, Alagoas. Foi divertido, estávamos num grupo de sherpas e nos molhamos na beira, nos equilibrando nos pedregulhos e cantando. Para os eco preocupados, usamos só um pouco de sabão em barra e muita mecânica, batendo as roupas nas pedras e torcendo... nada muito delicado, mas um trabalho alegre.

Hoje passei por duas pontes sinistras. A primeira nem era alta, mas de pequenas toras de madeira, com espaços abertos entre elas, sem parapeito, largura de uns quarenta centímetros, uma pessoa de cada vez. Simplesmente não pensei e fui. Aliás, pensei um segundo antes de passar... Pensei que era cedo para acabar a peregrinação. O mais patético eram as crianças da aldeia próxima, sentadas nas extremidades da ponte, sorrindo com a cena, talvez nunca tivessem visto um ocidental tão equipado e desajeitado. Divertiram-me também e passando me aliviei, embora com uma incômoda percepção de que aquilo era só o começo. E *light*.

As trilhas estreitas, serpenteando os penhascos bem acima do rio lá embaixo, são pedregosas e às vezes só permitem a passagem de uma pessoa, com muitos momentos íngremes e beiradas, para mim, apavorantes. Sempre tive medo de alturas. Nunca fui do tipo aventureiro. E nunca acampei antes. Enfim, a pergunta podia ser: o que você está fazendo aqui? Ao mesmo tempo, o ar puro, a presença dos companheiros de jornada, a prática e nossos objetivos, a companhia de todos os meus vínculos no coração me davam força para continuar e sorrir para o medo, sorriso meio amarelo, mas ainda assim sorriso.

A segunda era um tipo de ponte pendurada entre penhascos, com um rio no fundo da garganta. Passei de mãos dadas com Nurbu, o sherpa guia a quem fiz juras de amizade eterna e disse que o amava desde criancinha. Ele riu muito, mas me olhou também sério e disse que iríamos juntos até o final, não só daquela ponte, mas de toda a peregrinação, que eu podia saber que ele sempre estaria ali para me dar a mão e me ajudar a encontrar minha força. E assim começamos a compartilhar pensamentos, sentimentos e histórias. Nossa humanidade comum. Um encontro cármico.

Aí, primeiro dia de caminhada e já foi foda. Não dá nem para ficar ansioso ou com muita saudade. A questão é sobreviver. E foi só o primeiro dia.

Dormir foi normal. Problema para mim ainda é a arrumação do *duffle bag*, fico paranoico pensando que tenho que acordar meia hora mais cedo que o horário combinado, para dar tempo de enrolar direito o saco de dormir e acomodar a bagagem.

Hoje ainda rolou uma chuveirada de verdade no acampamento, porque ficamos em um lugar preparado para camping, junto do rio. Quando será a próxima?

AINDA EM 26 DE SETEMBRO, 9:50 DA NOITE, NA BARRACA, ANTES DE DORMIR PARA ACORDAR ÀS 6:00.

Carroll me disse que eu deveria parar e respirar três vezes, pausadamente, agora à noite, lembrar-me do que fui capaz de fazer e ter reconhecimento comigo mesmo. Que encarar os medos é sinal de quem é corajoso.

Vou tentar.

É uma peregrinação de superação. Fazer o que sinto ou

quero acreditar que a Marcia gostaria de estar fazendo. Hoje muitas borboletinhas amarelas nos acompanharam em um dado momento em que compartilhava com Nurbu a história da doença, morte e superação dela. Senti que eram parte da força vital dela. Marcia pôde compartilhar o dom de viver até o final da vida. Quem ia visitá-la no final saía do hospital consolado e animado por ela, uma verdadeira praticante. Ela pôde realmente dar o presente do não-medo, como lembro da Roshi escrever em *Presente no morrer*. Eu ainda tenho muito que praticar e aprender.

II

UMBRAL

Capítulo 3
Encontrando o medo

MACHAKHOLA, 27 DE SETEMBRO, SEXTA-FEIRA, 8:30 DA NOITE. TERCEIRO DIA.

Hoje dormimos em um albergue aqui na beira da estrada, estou deitado num estrado de madeira com uma fina camada de tecido, fiquei com preguiça de abrir o saco de dormir... Mais medo de demorar de manhã para me arrumar do que preguiça, apesar do cansaço que rola nesta hora do dia, após dez horas de caminhada. Sei que vou me arrepender disso quando levantar todo doído amanhã de manhã. A estalagem parece feita de madeira de caixotes. Se você levar um tombo e tentar se segurar numa parede, vai tudo para o chão contigo.

Apesar de tudo, tem luz elétrica e um chuveirinho, um luxo para os padrões daqui. Machakhola fica a uns 1.000 metros de altitude e ainda tem mais contato com a parte de baixo, com transmissão de eletricidade para alguns lugares e um fluxo constante de trekkers que se dirigem para várias trilhas diferentes. O Nepal tem no turismo uma de suas maiores fontes de renda.

Experimentei uma cerveja nepalesa, momento de descontração com o jantar servido numa grande mesa da estalagem, ao ar livre. (Depois foram mais três semanas sem álcool, o que foi legal para sentir como pode ser a vida sem uma cervejinha ou vinho e como se dorme melhor sem beber, além de não ter tido *delirium tremens* (risos), o que me indicou estar ainda distante do abuso alcoólico).

Hoje passei por momentos bem difíceis. Um passo atrás do outro. Passo a passo. Medo de altura não é a melhor fobia para se ter aqui. Bom, tratamento de choque. Como dizia Nurbu, *step by step*, *bistari* (devagar, em nepali), olha o caminho, cuidado com as pedras instáveis, vê onde vai pisar e para onde continuar. Eles pisam mais leves, nós ocidentais, ou pelo menos eu, pisamos pesados e fazemos mais esforço. Acho que brigamos com o caminho. Eles, os sherpas e os outros nativos, se parecem mais com os cabritos monteses, saltitam no caminho. São dançarinos.

Nurbu tem sido um anjo da guarda. Sem ele, não teria sido possível. Nem eu acreditei onde passei. A necessidade é mãe da invenção, mesmo. Ainda assim, pode ser que eu queira voltar ano que vem.

Vencer o medo, admiti-lo diante de todos, saber que ele faz parte de mim e mesmo assim continuar, me deram uma confiança maior em mim e em meus recursos.

Mas não é para soltar fogos. Amanhã vamos subir mais uns 600 metros e andar tanto quanto hoje ou mais, em torno de dez horas. Tudo aqui é sobe e desce, tanto faz estar subindo como descendo. Não existe inclinação constante. Minhas juntas gemem, estou massageando meus pés e pernas toda noite com gel para pernas cansadas à base de castanha-da-índia, passando bálsamo nos tornozelos, uso sempre tornozeleiras e joelheiras, enfim, fazendo o que posso para continuar andando. Aqui dependo de meus pés e pernas.

JAGAT, 28 DE SETEMBRO, SÁBADO, 10:00 HORAS DA NOITE. QUARTO DIA.

Nunca andei tanto na minha vida. Onze horas em um dia. Chegamos de noite no acampamento, fomos os últimos, Nurbu, eu, Carroll, e mais dois do nosso grupo. Três companheiros estavam à nossa espera na trilha, preocupados com estarmos andando no escuro por aqueles caminhos. Isso aconteceu porque saímos um pouco mais tarde do que deveríamos, de manhã, e as condições da trilha foram nos retardando. Se, por um lado, andar no escuro é mais fácil, porque não vejo a altitude, por outro, é sinistro, porque nossas luzes só iluminam uma pequena fração do caminho à frente. A mão firme do Nurbu deu aquela força novamente.

Respeitar a montanha, aceitar seu convite e sua autoridade, pedir licença para pisar no solo sagrado. Ou posso falar de fobia. Mas todos têm medo, talvez eu tenha mais. Cada passo aqui é vida e morte. Pequenos acidentes que poderiam ter graves consequências nos mostraram bem isso, eu já percebera desde o primeiro penhasco que subi margeando, me agarrando no paredão rochoso, como uma lagartixa assustada. Bom, lagartixas não se assustam com alturas. Eu sim.

Essa é a verdadeira prática da meditação andando. Entendi porque o budismo nasceu aqui. Vida e morte de verdade. Não é teoria. Sobreviver tornou-se a minha questão, meu koan. Eventualmente vejo uma paisagem ou outra maravilhosa, mas o que mais vejo é o chão. Passo a passo. Conheço cada pedrinha desse caminho. Ainda bem que temos Cira e Chas registrando tudo, fotografando e filmando. Não dá para ficar tirando fotos de turista.

Nurbu é um professor e um irmão, *meru bai*, meu irmão mais novo em nepali. Não fosse por ele, esta viagem estaria sendo muito mais dura, ou talvez fosse simplesmente impossível.

LOKPA, 29 DE SETEMBRO, DOMINGO, 9:00 HORAS DA NOITE. QUINTO DIA.

Após esse segundo trecho de mais ou menos vinte quilômetros, estamos a caminho de Chumling.

Não tenho nem mais o que dizer.

Tão cansado que não quero nem escrever.

CHUMLING, 30 DE SETEMBRO, SEGUNDA-FEIRA, 10:20 DA NOITE. SEXTO DIA.

Amanhã teremos o primeiro dia de atividade médica. Hoje, uma subida sinistra até aqui. *Dhor meru sati ho.* O medo é meu amigo.

De manhã acordei às 5:30, com meus amigos nepaleses me oferecendo uma xícara de leite quente, na qual coloquei o cappuccino instantâneo que trouxe do Brasil a conselho da Kat, nossa enfermeira coordenadora da clínica, como maneira de ter algo familiar por perto. Também recebi, como sempre, de outra dupla, uma bacia pequena com água quente para a higiene.

Desenvolvi um pequeno ritual para aproveitar a pouca água limpa: escovo os dentes, cuspo fora, lavo o rosto, reaproveitando sempre a água lavo as mãos e depois os pés, importante estarem sempre em excelente condição, passo creme e talco antes de colocar as meias. Depois pego aquela água e lavo uma cueca ou uma camiseta, que vou carregar durante o dia pendurada na mochila, para tentar secar se não chover. Finalmente, pego a mesma água e lavo meu penico, antes de guardá-lo no *duffle*.

E assim vamos indo.

Capítulo 4
Os quatro selos do Darma

CHUMLING, 1º DE OUTUBRO, TERÇA-FEIRA, 10:30 DA NOITE. SÉTIMO DIA.

Tivemos uma experiência maravilhosa. Fiquei na triagem com uma enfermeira, Challen, vimos cento e quarenta pessoas das 9:30 da manhã até às 16 horas, parando uma hora para o almoço. Nurbu viu mais de setenta pessoas na clínica dos óculos, fora as crianças vermifugadas que não passam pela triagem. Portanto, mais de duzentas pessoas atendidas no total. Veio gente de lugares muito distantes, tipo dia inteiro de caminhada, de três meses a 82 anos de idade. Apesar da pobreza e das condições muito difíceis, não vi ninguém desnutrido. Problemas mais frequentes são as articulações, principalmente joelhos, e gastrite.

Em suas especialidades, nossos clínicos atenderam todas essas pessoas, assim como Howard, o dentista, que fez o que podia para melhorar a saúde bucal daqueles com infecções e abscessos. As crianças tinham aulas sobre higiene bucal e das mãos e recebiam kits dentais, além das brincadeiras que nossos voluntários recreadores faziam. Atenção: este diário não é sobre a Nomads Clinic e seu admirável trabalho, é sobre minha peregrinação pessoal, mas quero deixar registrada aqui minha reverência por esses clínicos, ajudantes, tradutores e por Roshi Joan que faz essa viagem há mais de vinte anos, por todos que fazem diferença para a vida dessas pessoas tão desassistidas. Para maiores informações, fotos e se você quiser ajudar, acesse www.nomadsclinic.org. Também pode visitar o site do Upaya, www.upaya.org.

O último paciente fui eu. O joelho direito, ficou bem fudido, totalmente inchado e rígido. Estava com muita dor, como sempre, que piorou ao ficar o dia inteiro sentado com a perna dobrada. Aí o Ken puncionou, tirou 25 ml de líquido sinovial (transparente, sem infecção, só líquido inflamatório), colocou corticóide e anestésico e pronto, fez-se o milagre, a dor passou e o joelho mexeu. Durará uns três meses, segundo disseram, mas o importante é que dure mais três semanas. Depois a gente vê o resto.

Ontem à noite choveu e foi bem legal estar numa barraca, aconchegante e quente, no meu saco de dormir. Uma ou duas goteirinhas nos cantos não chegaram a perturbar. Hoje também está chovendo. Parece que não é normal nesta época, as monções já passaram, mas o fato é que chove. Isso complica um pouco mais nossos caminhos. Como diz a música, é a lama, é a lama. Faz parte da sorte de principiante.

Ontem de manhã, antes de começarmos a subida para cá, Roshi nos deu um koan na meditação matinal: os quatro selos do Darma. Eles são: *Anitya* (impermanência), *Anatta* (não-eu), *Pratytia-samutpada* (originação codependente ou coemergência de tudo o que existe), *Nirvana*.

Pode-se entender aqui, como já disse, porque o Buda darma surgiu nestas condições. Vida e morte são um passo, um segundo. Momento a momento se vive, dia a dia. Hoje à noite, antes do jantar, festejamos dançando com os sherpas, ao som da música deles, que têm uma qualidade infantil ainda, não é uma pureza ingênua, mas uma atitude dármica diante da vida. *Ramrho lagyo*, tudo bem.

Ficar amigo e respeitar a montanha, o abismo, o rio, o vale, a árvore, a pedra, o sherpa, cada companheiro de jornada, cada momento, cada passo, um passo. Cada momento é meditação, *Anytia*. Tudo muda, e ao mesmo tempo percebemos como precisamos uns dos outros, seres humanos, animais, vegetais, todos interconectados. Originação codependente. As crianças aqui são criadas livremente mesmo, de um jeito que deixaria muita gente no Brasil apavorada. Brincando na beira do abismo, ajudando os adultos nas lides do dia a dia, mas também indo para a escola.

Muita pobreza com suas doenças e mazelas, mas muita alegria, simpatia e gratidão. O progresso deve chegar, mas sem estragar os valores destas culturas. Sim, luz, saúde e educação. Mas não o consumismo capitalista. Não transformar os pobres com dignidade em uma classe média sem valores e que considera ter a linha branca e os carros, que só servem para engarrafamentos, como supremo objetivo na vida.

Antes de comer, recitamos, como no *Upaya*:

Terra, fogo, água, ar e espaço combinam-se para fazer esta comida; inumeráveis seres deram suas vidas e trabalhos para que possamos comer. Que nós possamos nos nutrir, para que possamos nutrir a vida.

Nada tem essência, coexistimos juntos.

E antes de sairmos para a caminhada do dia, recitamos os quatro votos do *bodhisattva*:

As criações são inumeráveis, faço o voto de libertá-las;
As ilusões são inexauríveis, faço o voto de transformá-las;
A realidade é ilimitada, faço o voto de percebê-la;
O caminho do despertar é insuperável, faço o voto de corporificá-lo.

Repetíamos três vezes, depois Roshi cantava (às vezes o Sam):

Deixem-me respeitosamente lembrá-los, vida e morte são de suprema importância, o tempo passa, a oportunidade é perdida.
Vamos despertar, despertar, prestem atenção.
Não desperdicem suas vidas.

Nirvana é aqui e agora, quando praticamos.

Arrumar a barraca, organizar esse pequeno espaço onde me recolho, uso os pequenos sóis e posso ficar comigo mesmo, fazer meu ritual de troca de roupa antes de dormir e me agasalhar no saco de dormir. O cansaço transforma esse saco numa cama confortável e quentinha. Minha tenda é meu palácio.

CHOLANGK-PARO, 2 DE OUTUBRO, QUARTA-FEIRA, 9:20 DA NOITE, A 3.010 METROS DE ALTITUDE. OITAVO DIA.

Hoje foi um dia de caminhada muito alegre, com Nurbu de manhã e mais a Laura de tarde. Muita subida. Menos medo, embora não seja prazeroso ficar nas beirinhas. Tem que respeitar a montanha.

Projetos para cá florescem em minha mente. Falta tanta coisa e é tão barato fazer as coisas, empoderar as pessoas daqui. Ajudar as crianças da vila do Nurbu a terem escolas melhores e condições melhores de estudo. Quem sabe trazer minha amiga cineasta para ensinar cinema aqui. Nurbu me disse que muitas pessoas das aldeias querem filmar, fazer documentários. Ajudar a vender os produtos das cooperativas daqui no Rio. Colaborar com a escola de medicina tradicional tibetana do Amchi. E por aí vai.

Talvez essas ideias não saiam da imaginação, quem sabe. Mas ajudam a construir sentido aqui. Diante da crueza da vida sem telas, sem intermediários, a vida imaginária traz uma poesia possível, um momento de leveza no peso da caminhada constante. É só não permitir que esses devaneios desviem a atenção do chão que se pisa. Aí está a chave, sonhar, mas saber a diferença entre sonho, realidade e possibilidade.

NILE, 3 DE OUTUBRO, QUINTA-FEIRA, 8:00 DA NOITE, ACAMPAMENTO A 3.400 METROS DE ALTITUDE. NONO DIA.

Hoje pudemos vir descansar mais cedo na barraca. Está um

frio da porra, tipo 5ºc com vento lá fora, pode até ficar negativo de madrugada.

A comida, como sempre, tem sido maravilhosa. As refeições criam um espaço de familiaridade, descanso, rotina tranquilizadora, troca de afeto e apoio mútuos. A caminhada de hoje nem foi a mais longa, mas a altitude complica, parecia que estava sempre em câmera lenta. Se eu fosse olhar um mapa, provavelmente ficaria surpreso com a pouca distância linear que devemos estar percorrendo. Muitos altos e baixos, assim como na minha mente. Até para cantar está mais difícil. Andar em silêncio, entretanto, é uma verdadeira meditação.

Almoçamos em um templo em Lar, com o lama que está cuidando e restaurando esse templo antigo. Um homem simples, praticante de verdade.

Estamos chegando à metade da peregrinação. Aprendendo a lidar com a higiene possível. Até que, às vezes, tenho conseguido lavar cuecas, meias e camisetas. Higiene corporal com banhos de gato, lenços umedecidos e talco.

Amanhã devemos ir até Mu Gompa, um mosteiro a 3.800 metros de altitude. Vamos almoçar lá e voltar. Devem ser mais seis horas de caminhada ida e volta. Mais um treinamento para lidar com a altitude.

Enquanto caminhava nos campos recém-arados pelas parelhas de zhos, mestiços de búfalos com iaques, com Nurbu e Isabel, filha da Holly, me passou pela cabeça como estarei na volta. Sim, por que como será ouvir um monte de bobagens – queixas e reclamações em geral irrelevantes – de gente que vive só conforto? Até os pobres do Rio têm mais confortos e facilidades que a galera que vive e rala aqui. Ai, ai, ai, mais compaixão, Alcio. Mas cara, é fato. Vivo numa sociedade de reclamões.

Estou com sono muito cedo, se bem que acordei às 5:30, o despertar oficial seria às 6:00 da manhã. Estou babando em cima do meu "sobretudo", o estiloso caderno de anotações que minha amiga Dani Karam me deu. Cada coisa que trazemos tem um valor afetivo multiplicado aqui. E posso entender melhor o apreço que as pessoas sem-teto têm por suas parcas posses. Elas são a moldura possível de suas identidades. As barrinhas de energia me acolhem durante o caminho, além de servirem de guloseimas para as crianças das aldeias, que ao nos verem atravessando seu território sempre pedem chocolates. O livro *O Salto* e este diário me dão a sensação de ter meu escritório na tenda, rsrsrs.

Tenho usado bastante o penico hospitalar que a Cecília me deu, e esta noite vou usar direto. Não vou para a barraca-banheiro nessa friaca e ainda por cima para ir aos pés. Nem que o iaque tussa. Desenvolvi toda uma técnica para fazer xixi de joelhos na tenda, é a altura máxima em que consigo ficar. Mas o penico americano que ela me deu é show, tem um *design* que evita vazamentos. Só vivendo para entender a importância disso.

AINDA EM NILE, 4 DE OUTUBRO, SEXTA-FEIRA, 11:30 DA MANHÃ. DÉCIMO DIA.

Devido ao mau tempo, tivemos de ficar por aqui mesmo hoje. Tudo muito molhado, muita lama. Rolou uma reunião tipo conselho, aquela roda onde todos falam cada um no seu tempo, sem interrupção e sem réplica, mas também só uns minutos, sem encher o saco dos outros, falando o essencial do coração. Roshi citou Van Gennep, aquele autor que estudou os ritos de passagem, tão citado nos meus tempos de mestrado e doutorado (incompleto) em antropologia no PPGAS/UFRJ. Separação, umbral, retorno. Despedida, morte, renascimento, de certa forma.

Falei um pouco sobre a sensação de ontem à noite, o sonho da amnésia do inglês, quando só sabia falar português e então ninguém aqui me entendia, e me dava aquele desespero. E agradeci a todos por ainda estar aqui. Vivo. E falando e entendendo o inglês e uma lasquinha de nepalês.

8:30 DA NOITE.

Antes de dormir, quero registrar para não esquecer o dia de hoje.
"*Groundlessness*". *To be grounded in groundlessness.* (Qualidade de estar sem chão. Estar enraizado nessa qualidade.). Costumo interpretar essa perda de referência de identidade como uma crise de ansiedade.

Assim, a conjugação da falta de ar pela altitude com a percepção de que aqui ninguém fala português me trouxe aquela velha sensação.

Só para não esquecer: solo sagrado, repouso, meditação sobre a falta de chão diante do rio que corre impetuoso e de certa forma violento, a morte da Marcia e o medo do desconhecido que ela manifestou ao iniciar seus últimos dias. Meu medo/respeito pelas alturas. Como ter chão na falta de chão? Medo na aula de educação física com 10 anos de idade. A proteção da mamãe medrosa, que compartilhou comigo consciente / inconscientemente seus medos, desesperos, ansiedade de separação... Muitas vezes me colocou na cama deles à noite quando eu chorava, criança pequena, como forma de lidar com o que não conseguia enfrentar.

Ambos mortos, papai e mamãe, sigo eu meu caminho aos 56 anos, indo para 57. Tenho procurado sentir as coisas e não ficar elocubrando sobre elas. Sem chão, sem referência, identidade fluida como o rio, *Anatta*. Posso viver isso, e *Anytia*, sem colocar um sinal negativo? Posso reconhecer meu passado, não negá-lo, mas acolhê-lo e deixá-lo como lembrança, não justificar o presente pelo passado, sair realmente da minha zona de conforto, construída e enfeitada pela minha mitologia pessoal? Posso deixar meus pais e demais ancestrais em paz, assumindo a responsabilidade pela minha vida, entendendo a diferença entre ter uma história e várias estórias, e atribuir aos personagens uma autoria que é minha? Perguntas, koans.

Psicoterapia deve ser um auxílio para construção de narrativas, não de mitos que justifiquem a inércia e a alienação no presente. Meditação, um aprendizado do estar presente aqui e agora em cada momento. Os dois juntos, práticas que possibilitam a cada um de nós expressar essa singularidade que é a natureza búdica manifesta momentaneamente neste nome-forma de maneira livre, não escravizada pelos *kleshas* (fixações neuróticas) nem por *shenpa* (compulsões, fissura).

Cada dia aqui é um dia de liberdade. Liberdade para viver.

Capítulo 5
Shenpa

LAR, 5 DE OUTUBRO, SÁBADO, 6:25 DA TARDE. DIA 11.

Gozado, ao escrever o horário daqui, de repente, lembrei-me do horário do Rio, e percebi que é mais ou menos o horário da meditação e da cerimônia em Eininji no sábado.

Hoje fomos a Mu Gompa, um mosteiro a 3.850 metros de altitude. Foi uma caminhada desafiante, não por precipícios terríveis, aliás, acho que minha concepção de precipício mudou muito, mas por causa da altura, ir de 3.300 a 3.850 em duas horas e meia, mesmo no meu ritmo junto com o Nurbu, meu mais recente amigo de infância, foi cansativo. Às vezes alguém anda conosco, quase sempre Julie e Pema Gyaltso, às vezes Ula Jingme La, o lama que está acompanhando esta peregrinação. O grupo em sua maioria foi depois a um mosteiro de monjas, por um caminho que sobe mais ainda e tem uma descida sinistra. Nós quatro resolvemos voltar direto para Lar, a 3.350 metros, paramos no meio do caminho e almoçamos com o grupo todo.

Chegamos aqui às 16:00 e a chuva não pára. Já arrumei a barraca, agora estou esperando o jantar. Come-se bem nesta peregrinação, e apesar do tempo inclemente e de tudo estar ficando bem molhado, não há do que reclamar.

Um sintoma de como uso minha obsessividade para dar contorno: toda noite olho a programação da viagem e vou riscando o dia. Sabe, tipo menos um dia. Assim, tipo presídio. Bom, não é que sempre seja assim, mas que às vezes rola esse sentimento, rola.

6 DE OUTUBRO, DOMINGO, 6:45 DA NOITE. DIA 12.

Dia da clínica em Lar.

Vimos hoje, Jackie e eu, duzentas e cinquenta pessoas. Nossos clínicos atenderam mais de trezentos, contando os não registrados na triagem. Nosso dentista. Howard, bombou.

Na madrugada de hoje tive um pesadelo que me fez acordar às duas da matina. Na Argentina com Marcia, tínhamos que pegar o avião para voltar para o Brasil, eu, com as passagens na mão, lembrava que estávamos sem nossas bagagens. Marcia pega um táxi para ir buscá-las, de repente, lembro que só viajaremos no dia seguinte, quero avisá-la, mas meu celular está quebrado. Fico angustiado com a situação. De repente, o aeroporto virou um hotel com salões de festa, havia uma festa infantil com muitos convidados, mais algo que interpretei como um chá beneficente cheio de idosas no salão ao lado. Um velho, ao me ver, me confunde com alguém, tipo um cúmplice, porque aí ele vai e sei que mata alguém, embora eu não veja a cena. As idosas acham que sou o assassino, passam a me perseguir pelo hotel, numas escadarias em caracol, eu as chuto para afastá-las, penso que vão se quebrar ao cair mas não se quebram e continuam a me perseguir. Entro por uma parte reservada aos empregados, quando chego na saída, um vigia me segura e diz que não posso sair sem ser revistado, mas como é um cara legal vai me deixar ir, tinha me confundido com um empregado.

Vou para um lugar que me parece um beco, uma servidão. Fico tentando consertar meu celular, chegam uns caras, sei que são traficantes, colocam umas canetas na minha mochila, sei que contêm drogas mas não faço nada, apesar de sentir que vai dar merda.

A polícia chega e prende todo mundo, além de me repreender por vender drogas para crianças, escolares (as canetas). Digo que não são minhas, que estou na Argentina a serviço, em um trabalho médico evangélico voluntário. Mando ligarem para a tal instituição evangélica para confirmarem. Acordo angustiado.

Conversei com a Roshi sobre o sonho, vi alguns dos possíveis significados mais psicanalíticos e ela me sugeriu pensar no que me envenena. Pensei na hostilidade contra a minha mãe, na culpa que sentiria por não ter cuidado bem o suficiente dela antes de morrer, culpa pelo sentimento hostil latente. Na hostilidade contra a Roshi, chutar as velhas me indicou isso; na questão da minha identidade pessoal, profissional e monástica. Roshi também me sugeriu pensar a questão do feminino em mim, que pareço ter atribuído inteiramente à Marcia, minha parte Marcia.

Penso na minha identificação com a Marcia, forma de introjetá-la e elaborar o sentimento da perda, através do privilégio atual de uma posição psíquica que já existia dentro de uma sexualidade consensual com ela. Enfim, um sonho com múltiplos caminhos possíveis. Anotei-o para continuar a refletir sobre ele depois. Bem que a Roshi falou sobre a produção de sonhos nas peregrinações e montanhas sagradas.

8:00 DA NOITE

Já pronto para dormir, após mais um excelente jantar. Para quem nunca acampou, ter uma primeira experiência como esta é um privilégio. Além de tudo, é um ritual de iniciação. Ficar amigo do medo/respeito, viver um dia de cada vez, ver como o povo daqui consegue ficar alegre com as menores demonstrações de carinho.

As crianças, como os animais, se criam muito sozinhas. Cada um aprende a ser responsável por si mesmo muito cedo, assim como aprendem que todos dependem de todos, e ajudam a família, carregando o que podem, fazendo o que podem. A comunidade que atendemos hoje é mais saudável que a anterior, acho que têm mais recursos.

Vimos também duas mulheres com marcas de violência, agredidas pelos maridos alcoólatras. Um, que veio junto, foi encaminhado para o médico tibetano para que ele usasse sua autoridade e o mandasse parar com aquele comportamento. O outro caso, infelizmente, não tem uma solução aparente, já que o marido não veio junto e dar queixa na polícia, quando existe essa possibilidade, não resolve, porque aqui não fazem nada quanto a isso. Não é só um paraíso, Shangri-la só existe na literatura. A gente sempre acha que esses locais distantes, remotos, são os paraísos que idealizamos, longe de nossas realidades cotidianas massacrantes.

As monjinhas são bem tratadas, saudáveis, inteligentes e espertinhas. Isto aqui parece a Idade Média europeia com algumas melhorias à base de energia solar e telefonia celular, além dos helicópteros para os acidentados que tenham seguro e para os abastados, incluindo a alta hierarquia monástica, que podem se dar ao luxo de contratá-los.

Quem sou eu? O que sou eu? De barba, cabelo... O que é ser quem sou e o que estou sendo? Estou me desapegando das ideias sobre quem sou. Legal. Que eu possa me dissolver. Existir só como função.

Tenho uma irritação, acho, com risos fáceis demais. Talvez seja só inveja. Por outro lado, fui treinado para reconhecer angústia de longe, independentemente das diferenças culturais que podem induzir a erros. Os americanos do nosso grupo, que são a maioria dos ocidentais, excetuando dois canadenses e uma francesa que mora nos EUA, são pessoas decentes, funcionando em um registro que para nós brasileiros parece uma oitava acima da percepção da realidade. Nós brasileiros, apesar da ternura, do aconchego e do carinho mais manifestos, praticamos também muito a sedução e o sarcasmo. Apesar desses estereótipos, aqui sou dos que menos falam. Bom, falar de americanos e brasileiros é falar de ficções. No máximo, posso falar de mim e das minhas percepções. E como só há um brasileiro aqui — eu —não é vantagem alguma falar menos.

CHUMLING, 7 DE OUTUBRO, SEGUNDA-FEIRA, 9:40 DA NOITE. DIA 13.

Tenho que dormir daqui a pouco. Amanhã o despertar é às 5:30, café da manhã às 6:30 para partirmos cedo, outro dia comprido. Hoje andamos das 8:00 às 18:00, com meia hora de parada de manhã no Rachen Gompa, um mosteiro-escola de monjas, onde provei o chá tibetano com manteiga de leite de iaque (lembra o que poderia ser chá com bacon), meia hora de almoço no caminho e meia hora observando o salvamento de uma mula com obstrução intestinal, protagonizado por Jenny, uma das médicas, e Challen, uma das enfermeiras do grupo, auxiliadas pelos sherpas.

Elas conseguiram fazer a mula defecar, fazendo clisteres improvisados com um *camel back* e massagem intestinal com troncos, com ajuda dos sherpas meio incrédulos com a dedicação delas por um animal de carga. Foi um exemplo poderoso de cuidado amoroso e trabalho árduo com bom resultado.

Havia morrido uma mula, com o pescoço quebrado numa briga com outra mula, e mais adiante viria a morrer um cavalo envenenado ao se alimentar de uma erva não apropriada para consumo. Os sherpas estão comentando que os espíritos estão provocando isso porque estariam zangados e querendo um sacrifício. Estão meio inquietos.

Falando em animais, temos dois filhotinhos de cachorro abandonados que foram adotados pelo grupo, cuidados por tutoras que se revezam. Estão viajando conosco, no final devem ficar na casa do Ula Jingme La, o lama que nos acompanha.

Cansei muito hoje. Descemos mais 1.000 metros e andamos pra caralho. Fez um dia bonito, compensou os vários dias chuvosos que tivemos, céu azul, espaço aberto e ilimitado.

Aprendizado de viver cada dia com sua luz e seu clima.

Os sonhos de ontem foram alegres. Sonhei com nascimentos e batizados, com festa no Brasil, com muito doce de leite, que beleza! Sonho gostoso, meio chato acordar...

De qualquer jeito, como já disse, provei o chá com manteiga de iaque, razoavelmente gostoso. Comi pela primeira vez na vida uma maçã colhida no pé, no sopé dos Himalaias. Nurbu a colheu e pagamos 10 rúpias por cada uma ao dono da macieira. Foi bem barato; um refrigerante numa birosca dos Himalaias custa 300 rúpias.

III
RENASCIMENTO

Capítulo 6
Renascimento

PHEW, 8 DE OUTUBRO, TERÇA-FEIRA, 9:15 DA NOITE. DIA 14.
Mais um dia extenuante. Uma descida abrupta, andamos de 8:00 às 14:00 e depois das 14:30 às 17:15. Oito horas e quarenta e cinco minutos de descida, principalmente. Uns momentos tensos, uma ponte velha entre várias pontes, passagens bem estreitas que sem o Nurbu *meru bai* seriam impossíveis. Um dia, vou escrever sobre isso e sobre nossa conexão e intimidade. Um encontro cármico. Ele e todos os nepaleses têm realmente sido uma família para mim. Passo a passo, vida e morte dançando. Chuva o tempo todo. Chega uma hora em que você fica todo molhado, não importa o quão impermeável seu equipamento seja, na teoria.

Neste vilarejo fiquei, como alguns outros, em um quarto do que seria facilmente uma taberna medieval, já que o terreno em que nosso acampamento deveria ser montado virou um pântano, e nem todas as barracas puderam ser erguidas, montaram preferencialmente as dos mais jovens e colocaram os coroas nesta estalagem. O "quarto" é todo de madeira, tábuas finas, a latrina, estilo hindu, junto à estrebaria enlameada pela chuva constante, camundongos, insetos, um pequeno empório cheio de álcool e poucas outras coisas, ainda bem que Nurbu e Pema trouxeram o jantar para mim no quarto, tipo *room service,* para que eu não tivesse que descer no *camping* enlameado onde ficou nossa cozinha.

A latrina parecia uma grande cloaca. Enfim, pensei, ao ir

aos pés no escuro com a chuva pingando na latrina, segurando a respiração para não vomitar, e tentando me limpar com os lenços umedecidos e afastar as moscas ao mesmo tempo: rapaz, tipo cheguei ao fundo do poço, e nesse caso bem literalmente. Dei uma risada de maluco pela minha situação e fui em frente. As deidades hindus têm vários braços não é à toa. Queria ter também, para segurar as calças para não encostarem no chão da latrina, me segurar para não forçar os joelhos ao ir aos pés, segurar uma lanterna, me limpar, etc.

Vendo ratinhos passearem pelo meu catre, bati na tábua-parede e avisei as moças ao lado para fecharem bem suas bagagens. Riram e agradeceram. Pendurei as roupas em pregos aparentes nas tábuas finas, as meias molhadas na borda superior das paredes —os quartos tinham como que espaços entre o teto e as tábuas/paredes. Dormi pela exaustão, esquecido de ratos, insetos ou espíritos que buscam sacrifícios.

(*Às 4:00 da manhã fui despertado, assustado pelos gritos das vizinhas, inicialmente, pensei que eram fantasmas famintos, depois entendi o que elas berravam entre risadas, eram os ratinhos... Ri e dormi de novo, pensando que bem que eu tinha avisado*).

GAP, EM NURBRI, 9 DE OUTUBRO, QUARTA-FEIRA, 9:00 MAIS OU MENOS A 2.400 METROS. DIA 15.

Um dia maravilhoso, para não esquecer jamais. Hoje renasci aqui.

Fluir, respeitar, silenciar, e saber que tudo isso não é nada demais, nada além do que é. Estas montanhas e águas demandam respeito, silêncio, para que possamos ouvi-las, aprender a fluir com as montanhas e águas.

Mesmo nesses momentos sublimes, a *shenpa* reaparece na forma de competição, irritabilidade com quem não é do jeito que achamos que devia ser. Mas pode ser facilmente reconhecida e trabalhada. Faz parte de nossa forma de manifestação

nesta vida. Vida que pode acabar em um segundo, em um passo mal dado, na atenção plena perdida.
Maior parte do tempo em silêncio hoje. Sentindo menos medo e mais respeito. Abismos e planícies, paisagens da vida. Sempre podemos cair, se não prestarmos atenção. Só que aqui, em geral, cair é morrer ou se machucar feio. Mesmo uma queda na própria trilha pode ser muito perigosa, tem pedregulhos por todo o lado.
Ser tudo isso e saber que não sou nada especial, só um momento de emergência desse todo.
Hoje foi o dia em que melhor me senti aqui. Além disso, colocar o *camel back* com chá quente no fundo do saco de dormir deu uma esquentada legal...

LHO, NURBRI, 10 DE OUTUBRO, QUINTA-FEIRA, 7:20 DA NOITE. 20º DIA NO NEPAL, 18º COM O GRUPO, 16º DA PEREGRINAÇÃO. ACAMPADO A 3.150 METROS DE ALTITUDE.

Já abrigado na barraca, montada em um terreno do mosteiro Nyingma onde estamos hospedados e onde acontecerá a clínica amanhã. Lavei o rosto, as mãos, os pés, estou com a roupa lavada no "varal" entre as barracas. Acabei de chegar da tenda-banheiro, acho que não tomar o tal do pepso-bismuto está deixando minhas fezes mais firmes. Assunto meio estranho para um diário, mas nestas circunstâncias observar e cuidar do próprio corpo, funcionamentos e aspectos, torna-se ainda mais vital do que já é ou deveria ser normalmente. Também é uma forma de cuidado com os outros, pois, assim, podemos tentar evitar dar trabalho para os demais. Todos interdependem e dependem da responsabilidade e atenção plena de todos. Cuidando de nós mesmos podemos quem sabe evitar trabalho a mais para os demais.

Gosto de deixar tudo organizado na barraca. É uma maneira de manter um mínimo de sanidade...

Hoje andei a cavalo pela primeira vez em anos, acho que a última foi há mais de vinte anos em Conservatória, sobre um pangaré dos bons. Esse era mais um dos meus medos, não me sentia à vontade em cima de um bicho que não sei controlar, depois me acho muito pesado e uma certa sacanagem fazer outro ser me carregar nas costas. Vai que ele também acha e resolve se sacudir para aliviar... Só montei porque estava com dor no quadril esquerdo, talvez tenha sofrido um estiramento na musculatura da coxa, talvez deslocado a articulação do quadril, mas Nurbu e Prem acharam que eu deveria tentar descansar um pouco durante a caminhada, em um trecho mais fácil, em que havia um cavalo livre, disponível. Eu e Julie ficamos disputando quem não iria usar o cavalo, ambos doloridos, mas ambos com medo. Finalmente, arrisquei e cavalguei por mais ou menos uma hora, agarrado na crina e na sela, como me ensinaram, com os pés fora dos estribos por causa de minha altura. Foi difícil olhar para baixo na trilha, agarrado ao animal, mas acabei relaxando, com a ajuda dos meus amigos e do cavalo. Apeei, apenas mais descansado, porque a dor não melhorara muito, afinal tinha que fazer força nas pernas para me segurar.

Menos um medo, assim como para minha amiga também. Esta peregrinação está expandindo minha percepção da vida, do meu corpo, dos meus limites. Até à altitude pareço estar mais adaptado, com esse sobe e desce constante entre 3.500 e 2.150 metros.

LHO, 11 DE OUTUBRO, SEXTA-FEIRA, 7:00 DA MANHÃ. DIA 17.

Acordei mais cedo, tipo 6:00, com os corvos grasnando, os monjinhos gritando brincadeiras ao longe no seu despertar. Vi o nascer do sol, tendo dormido bem.

Tem algo me incomodando, que é a conversa fútil eventual. Minha irritação com a quebra do silêncio é totalmente injustificada, afinal não é um sesshin (retiro zen). Me respondo que é uma peregrinação, com fluxo, silêncio, respeito, e nada demais. Minha irritação é minha shenpa, tenho que criar meu espaço de silêncio em meio à eventual algazarra da ansiedade ou das palavras que criam referências e chão ilusório. Tenho que praticar mais a compaixão, por mim mesmo e pelos outros, que têm carinho e respeito por mim.

4:30 DA TARDE.

De manhã mesmo conversei com a Roshi sobre esse tema e ela me ajudou, dizendo que, além de trabalhar a shenpa e criar meu próprio espaço de silêncio, eu também poderia, simples e gentilmente, dizer que preferia permanecer no silêncio. É verdade, e praticar esse tipo de limite amorosamente é uma das minhas dificuldades. Em parte é pela criação e cultura, não posso ser tosco e mal-educado, mas em parte é pelo desejo de evitar ser alvo de raiva ou chateação, não é por um acolhimento verdadeiro do outro. Gosto muito de permanecer em silêncio sem que me perturbem. Ficar junto pode ser ótimo por si só, sem palavras desnecessárias. Se eu fosse menos temeroso da reação alheia, seria provavelmente uma pessoa mais agressiva. Mas, aos poucos, vou me deixar ser nesse aspecto mais irado da compaixão. Me aguarde, Alcio.

Fomos ao mosteiro e ao templo no cimo do monte aqui perto. Tirei umas fotos, entreguei uma kata (estola branca ou colorida) ao Buda, pedindo pelo bem-estar e felicidade das minhas filhas e de todos os seres.

A clínica rolou numa boa. No final, Jenny trabalhou na rotação do meu sacro, algo que tinha transformado a trilha de ontem em um sofrimento, me fazendo usar o cavalo em parte da manhã. Bom, pelo menos serviu para isso.

Daqui a uma semana, se tudo correr bem, estaremos na última trilha, dia 18, antes de pegarmos o ônibus, dia 19, para Katmandu. Se bem que os ônibus daqui são mais perigosos que as trilhas a pé, acho eu. E com chuva, então, nem sei o que é pior. Aquelas estradas enlameadas com ônibus superlotados balançando nas curvas, credo. Na viagem de vinda, logo no primeiro dia, vimos um virado na estrada.

Inspirando e expirando, olho e vejo o vale que desenhei antes, sentado numa pedra no terreno. Alguns trouxeram cinzas de seus queridos e as jogaram ou jogarão aqui. Pensei na Marcia e no restinho das suas cinzas que guardei para serem jogadas com as minhas, mas mesmo antes de vir achei que era melhor vir e ver primeiro e sentir se queria que fossem jogadas aqui nos Himalaias. Um dia, uma parte das minhas cinzas poderá quem sabe vir para cá, misturada com as do Tequila e as pequenas parcelas guardadas da minha mãe e da Marcia.

O que me passou pela mente, neste momento de contemplação, foi que posso deixar, aqui e agora, as cinzas do Alcio anterior a esta peregrinação.

Apesar de menos irritado, ainda há alguns sinais de shenpa. Talvez desejasse mais atenção e cuidado, menos ter que me virar. Nurbu é uma mãe para mim, mas no caminho. E, por outro lado, me sinto meio estranho aqui neste grupo. Não é um grupo ruim, muito pelo contrário, mas não me sinto realmente parte. Algo de ser brasileiro, por mais criticável e ilusória que possa ser essa identidade. Acho que é um traço chauvinista do meu jeito de ser brasileiro.

Tenho vontade de voltar aqui com mais amigos brasileiros, em um programa menor, com mais meditação e voltado mais para a educação, estabelecer um programa de intercâmbio com o povo de Humla. Agradeço à Roshi por me fazer vir aqui e por estar vivendo tudo que estou vivendo. E por me fazer ver que meu lugar é no Brasil, com minha família, meus amigos, minha sanga, com todas as dificuldades que nossos egos individuais e coletivos gigantes representam, de repente, é esse meu voto, minha tarefa, ajudar-nos a sermos menos quem somos e mais natureza clara e desimpedida.

Quanto a viver sozinho, casado, viúvo, solteiro, seja qual for a orientação sexual, não me sinto mais em nenhuma categoria nem quero classificação. O importante na minha vida agora é cultivar os vínculos, treinar a compaixão e o engajamento ativo para diminuir o sofrimento no mundo. E ajudar a construir uma ponte entre esses dois mundos queridos, Brasil e Nepal.

Alguém arrumou um telefone via satélite e está tentando um minuto com seu lar distante. Uma ponta de inveja e saudade. Mas peregrinação é peregrinação.

Capítulo 7
O tufão vai chegando despercebido...

SAMA GAUN, 12 DE OUTUBRO, SÁBADO, DIA DE NOSSA SENHORA APARECIDA NO BRASIL, 4:30 DA TARDE. ACAMPADO NO TERRENO DA ESCOLA LOCAL, MAIS OU MENOS 3.600 METROS DE ALTITUDE. DIA 18.

Essa coisa de ficar isolado do mundo antigo deixa a gente meio Robinson Crusoé, mantendo calendários para não ficar totalmente desligado da realidade de onde saiu para a imersão no desconhecido. Escrever este diário é parte desse movimento também, um jeito de não se desfazer inteiramente da identidade anterior, mantendo uma memória auxiliar. Escrever à mão, com minha caneta-tinteiro preferida, completa esse aconchego que me dou todas as noites.

Hoje a jornada foi mais curta, levamos umas quatro a cinco horas de Lho até aqui. O problema não foi a duração, mas a altitude. A maior parte do tempo ficamos entre 3.300 e 3.600 metros. Senti a cabeça meio pesada, como se fosse doer, mas não chegou a tanto. Devagar, *bistari, bistari*, hidratando, tudo bem.

Algumas pessoas tiveram pequenos acidentes, sem maior gravidade, mas que nos lembraram de ter humildade e respeitar a montanha e seu ambiente.

No momento, as mulas zurram de vez em quando balançando seus guizos, os sherpas gritam, jogando futebol, correndo a 3.600 metros de altitude... O som é familiar, embora eles pareçam mais alegres e menos irritados que os brasileiros jogando, além de se jogarem menos no chão e de não fazerem fita. Duas moças de nosso grupo jogavam, e uma deu umas entradas fortes, que quase nocautearam Prem. Vai brincar...

Alguns cavaleiros passam a galope, com seus guizos tocando forte – eles servem como buzinas nas trilhas estreitas, também avisando os passantes para se encostarem no lado da montanha para não ficarem expostos a quedas, empurrados pelas mulas que passam em filas com seus fardos pesados equilibrados nas costas, fardos que podem nos derrubar se estivermos na beira dessas trilhas.

Os iaques pastam tranquilamente, assim como suas cruzas com os búfalos, os zhos. São muito pacíficos, tímidos e quietos, embora entre si possam ficar violentos na disputa de fêmeas – vi alguns dando cabeçadas.

A dor nos quadris melhorou muito hoje. Estou descansando, após ter arrumado minha tendinha, ter ido ao toalete, ter preparado as coisas para amanhã, quando ocorrerá a última clínica.

Estou com preguiça de relatar os eventos da madrugada e da manhã passadas: uma mula ou cavalo passando entre as barracas durante a noite, com seus guizos, como um Papai Noel dos Himalaias com suas renas, foi o sonho que tive... Um cachorro latindo e rosnando tipo duas da manhã, os agradecimentos do khempo (um tipo de chefe) e das mulheres da vila pelos atendimentos, Howard, nosso amigo dentista, retirando dois grãos de feijão que estavam há mais de um ano no ouvido de uma menina de 12 anos.

Outro dos meus sonhos: estava com a Marcia e mais três amigos, e de repente percebíamos que estávamos no Rio de Janeiro de cinquenta anos atrás. Dávamo-nos conta de que sabíamos tudo que aconteceria, portanto, poderíamos mudar o futuro, evitar o golpe militar de 64, mudar o destino do país. Quando a Marcia me diz, "é mesmo, eu morri, então podemos tentar prevenir o câncer para isso não acontecer..." acordei, angustiado. Depois, achei o sonho interessante, e dormi de novo.

Uma lista de pequenos acidentes com meus amigos, sem falar nas onipresentes urtigas na beira das trilhas, só de sacanagem quando você vai se proteger das mulas que vêm passando. Nurbu me apresentou *"kampa"*, um antídoto herbal que costuma nascer por perto, basta amassar e esfregar na pele atingida. Será cânfora? Ele me mostrou várias plantas medicinais, mas não anotei nem me recordo. Vou ter que pegar com ele depois. Mas as urtigas ficam muito boas na sopa, por incrível que pareça, comemos algumas noites, sempre tem sopa de entrada no jantar.

Às vezes ser medroso ajuda a gente a poder transformar medo em respeito e atenção plena e a sobreviver durante o processo de transformação.

Mesmo na barraca, e ainda final de tarde, está frio. Estou com o *underwear* térmico, o *fleece,* meias e luvas. Vai fazer cada vez mais frio enquanto subimos em direção ao passo de Larke La, e aí atravessaremos para o outro lado da cadeia do Manaslu, por onde desceremos de volta para o ponto de partida. Nessa travessia, estaremos a 5.135 metros de altura. Parece que tem de ser feita de madrugada, porque quanto mais avança o dia, mais fortes ficam os ventos no local, até mais ou menos 80 km/h por volta das 11 da manhã.

Roshi me perguntou se a jornada estava sendo *"too hard"*, eu respondi que não, só *"hard"*. Afinal, se fosse *"too hard"* eu não estaria conseguindo. Ela é uma professora exigente, temos vários momentos de convivência, me disse um dia, sorrindo, marota, "é por isso que não tenho muitos alunos". Fica preocupada com minha sobrevivência não só aqui, mas com minha condição física e saúde geral, quer que eu me cuide mais, pois acha que tenho muito a fazer. Me diz que na volta o problema maior será recair nos velhos hábitos, e ela tem razão.

E quer saber se vou voltar para o Nepal, na verdade acho que quer que eu volte. Disse-lhe que talvez volte, mas não neste formato. Quero ajudar nossos amigos nepaleses, mas não me identifico muito com o modelo assistencial nem com o *"establishment"* tibetano, me perdoem meus amigos praticantes nessa tradição, que admiro e aproveito enquanto prática, mas não compro enquanto instituição. Se lhes consola, não topo qualquer instituição religiosa, muito menos a igreja zen. Sei que grupos humanos necessitam regras de funcionamento, todos os grupos se institucionalizam de alguma forma, mas daí para o aparelho institucional religioso empresarial vai uma distância grande.

O maravilhoso mosteiro-escola em Lho, por exemplo, recebe financiamento de pessoas de Taiwan. Devem ser eles que pagam os deslocamentos em helicóptero dos monges da hierarquia, enquanto os moleques monges têm sarna e impetigo. Não nego que os mosteiros aqui têm uma função social importante, mas religião institucionalizada sempre pressupõe poder e exploração de classes. Ou não? Educam as crianças, mas não é o mesmo modelo e *modus operandi* da igreja católica medieval? E, perdão aos meus amigos católicos, não simpatizo em nada com a igreja medieval, mesmo compreendendo seu papel no cuidado dos doentes e na preservação de algum conhecimento – paralelamente às doenças causadas pela ignorância dos costumes, perpetuada pela Igreja, e à destruição de muito conhecimento da Antiguidade só recuperado no Renascimento graças aos muçulmanos e bizantinos.

O fato de ocuparem um vazio deixado pela inexistência do Estado ou das organizações comunitárias (que às vezes estão em conflito com eles) não os transforma em necessários. Fazem o jogo do sistema capitalista – e, notem bem, não acho que o comunismo, nos moldes em que foi construído na URSS ou na China maoísta, tenha sido melhor, na verdade, fizeram o jogo dos mercados – e, portanto, provocam o sofrimento. De onde vem o dinheiro oriundo de Taiwan? De meios de vida corretos, atitudes corretas? Duvido muito. Nós budistas acolhemos qualquer dinheiro, somos muito compassivos. Acho que aliás essa é uma característica compassiva de todas as religiões instituídas como empresas ou partidos. Lavagem das consciências pesadas.

Preferia investir na cultura leiga, no empoderamento dos coletivos das aldeias, não excluindo os mosteiros e templos, mas restringindo-os a seu papel de centros de prática espiritual. Os nepaleses não precisam importar as mazelas do capitalismo pós-moderno, o desastre ecológico patrocinado pelas corporações ocidentais e orientais, tampouco a Idade Média europeia. Na boa, depois de tudo que ocorreu no Tibete, ninguém põe a mão na cabeça para se perguntar se era legal explorar a população? Será que os chineses são os maus e os monges que exploravam o trabalho escravo os bons? Sei que se algum dia eu publicar este diário, ai, ai, vão me jogar pedras e, provavelmente, perderei amigos, mas prefiro ficar com minha consciência e minha escuta das palavras do Buda do que me alinhar cegamente com instituições que sempre me causaram estranheza e repulsa em suas versões ocidentais. Enfim, respeito as opiniões dos que pensam diferente, mas sugiro que em vez de ideologias, conversemos sobre a realidade visível nos Himalaias.

AINDA EM SAMA GAUN, 13 DE OUTUBRO, DOMINGO, 5:35 DA TARDE. DIA 19.

Hoje aconteceu a última clínica desta viagem. Correu tudo bem, tranquilo. No total, quatro clínicas, uns setecentos pacientes com registro na triagem, mais dezenas de crianças e monges atendidos sem registro, para verminoses, vitaminas, escovas de dentes e óculos. É provável que a expedição tenha beneficiado aproximadamente mil pessoas diretamente com cuidados médicos e educação para a saúde física e mental, fora as suas famílias. Isso representa mais ou menos 10% da população dos dois vales – Tsum e Nurbri – que percorremos.

Apesar da gripe que atacou quase todo mundo, apelidada de "*razor edge throat ache*" por um dos médicos, estar me cercando, com umas pontadas de dor de garganta na madrugada, nariz com uso constante de vasoconstritor e de certa intolerância ao frio, tenho resistido com 2g diários de vitamina C mais os anti-inflamatórios e analgésicos que venho tomando por causa das juntas.

Fez muito frio hoje, e trabalhamos ao ar livre. Agora estou na tenda e chove bastante. Espero que não chova amanhã e muito menos neve no passo de Larke La.

É uma aventura e tanto para mim, espero sobreviver para compartilhar. Aprendi mais sobre atenção plena, compaixão e cuidado amoroso comigo mesmo e com os outros do que em muitos anos de prática. Ou talvez seja melhor dizer que esses 21 anos de prática do darma foram os ingredientes acrescidos ao cozido, lentamente, para que o prato fique pronto agora nesta peregrinação.

Tenho lido novamente *O Salto*, tudo a ver com esta viagem. Assim como o estudo de Shantideva, usando o "*Sem Tempo a Perder*" da Pema Chödron também, que venho estudando com a sanga no Rio. O livro fotográfico que me deram como amuleto e lembrança tem me feito companhia.

Faltam cinco dias de trekking, um passo de 5.135 metros de altitude e uma viagem de ônibus para que eu possa tomar uma boa chuveirada, receber uma massagem e dormir numa cama de verdade.

Tenho aprendido muito sobre o que é essencial e o que é supérfluo na vida. Nós brasileiros somos uns reclamões, com pouca ação para modificar o que realmente necessita ser modificado em nossa sociedade e muita reclamação para registrar nossas carências de supérfluos. Vixe!

Também conversamos, um pequeno grupo, com a Roshi, sobre relações e amor. Ela, como eu, acha que um grande amor, como o que tive com a Marcia, só se vive uma vez na vida. É um bônus. Tudo bem que estou ainda em um processo de luto, mas ao que tudo indica, parece ser verdade essa percepção.

AINDA EM SAMA GAUN (!!!), 14 DE OUTUBRO, SEGUNDA-FEIRA, 1:30 DA TARDE. DIA 20.

Presos pela chuva forte que cai desde ontem à tardinha, descobrimos por informes de viajantes que estamos em meio a um tufão que assolou boa parte da Índia e do Nepal. Estradas ficaram bloqueadas, trilhas caíram, pessoas morreram. Temos tido tempo muito chuvoso desde o princípio, com muita lama... Roupa molhada. Já não devo estar nada cheiroso, e agora mofado, não vou nem me perguntar como pode piorar, porque sempre pode. A água penetra em tudo que seria impermeável. Não existe blindagem perfeita...

Os tratadores das mulas e dos cavalos decidiram que prosseguir a viagem em direção ao passo de Larke, para dar a volta ao maciço do Manaslu, seria perigoso demais com este tufão, que lá em cima significa neve. Atolar na neve para os animais e para nós seria fatal. Assim, devemos voltar por onde viemos. Não é a melhor opção, o caminho deve estar mais perigoso, já que soubemos que houve desabamentos nas trilhas, que se tornaram ainda mais íngremes. Mas é o caminho que há.

Hoje permanecemos aqui, mas dormindo na escola local, pois o terreno onde acampamos está enlameado e as barracas muito molhadas. Howard e eu ficamos no depósito de materiais didáticos da escola, deitados nos sacos de dormir, em meio a livros e instrumentos musicais, ainda assim algo privilegiados diante do amontoado onde os demais ficaram, deve ser por nossa idade avançada (risos). Pude estudar em alguns livros infantis em inglês e observar a forma de construção subjetiva aqui. Passa por uma noção do coletivo muito alienígena para nosso individualismo capitalista predatório.

Ontem à noite tivemos uma reunião aqui mesmo com a comunidade local e o comitê de mulheres da aldeia, com apresentação das crianças cantando e dançando, e um tipo de ritual de amizade, em que cada um de nós e dos habitantes da aldeia presentes depositava algo seu, pessoal, em um cesto, depois havia um sorteio de um objeto de cada cesto e então os sorteados se apresentavam entre si, se abraçavam e tornavam-se oficialmente amigos. Hoje meu amigo local veio me ver partir, assim como os outros parceiros de meus companheiros, e trouxe um amuleto para mim, um *dzi* com coral, uma réplica das joias originais, caríssimas e raras. Seria uma ágata trabalhada que afastaria raios, junto com coral para afastar o mau-olhado. Afastar raios aqui é maneiro, dado os grandes espaços abertos onde se pode andar sendo uma espécie de antena.

Dei para ele meu amuleto antigo, uma almofada de ervas que comprei na loja da Carroll em Katmandu, pendurada com uma pimentinha de vidro que me deram no Brasil.

Deitado no meu saco de dormir no depósito, ouço Sam tocando violão e cantando para todos no salão ao lado. Estamos no meio de um tufão que abarca o Nepal, o Tibete e a Índia. A chuva já diminuiu um pouco, amanhã devemos começar a descer de volta para Katmandu, de qualquer maneira, pois temos que estar lá a tempo de pegar os voos. Claro que tudo pode ser remarcado, mas seria melhor não ter que mudar todas as agendas. Vai ser um estirão e tanto, quatro dias para chegarmos até onde os ônibus podem nos pegar.

Várias experiências novas nesta viagem. Não tentar controlar a natureza, aprender a fluir com ela, buscando recuperar a intimidade com os processos e movimentos naturais. Satisfeito com os 3.800 metros máximos alcançados, não tenho nenhuma frustração de não termos ultrapassado o passo de Larke. A peregrinação é interna e não vale a pena correr mais riscos que os inevitáveis. Talvez, um dia, veja o Manaslu mais de perto, talvez não. Mas a "Montanha do Espírito" já foi visitada no meu caminho interior. Esta peregrinação está me fazendo renascer de várias maneiras, das quais só ficarei consciente no processo da vida cotidiana.

IV
RETORNO

Capítulo 8
Machakhola, uma ponte longe demais

PHILIN, GORKHA, 16 DE OUTUBRO, QUARTA-FEIRA, 9:45 DA NOITE. APROXIMADAMENTE A 1.800 METROS DE ALTITUDE. DIA 22 DA PEREGRINAÇÃO.

Ontem nem deu para escrever. Mais um trekking que terminou bem de noite, tipo 20:00, após um dia de onze horas de caminhada forçada para fazer dois dias em um. Dormi no chão de uma sala de aula em mais uma escola, em cima do isolante de borracha, vestido nas minhas únicas roupas secas. Tudo no *duffle* ficou molhado, roupas e objetos. Casaco encharcado, pingando, pendurado no prego perto do quadro-negro. Meus amigos sherpas fazem piadas antes de adormecermos. Somos seis nesta sala. A generosidade dos aldeões nos permitiu pelo menos ficar fora da lama para dormir.

Os caminhos são ou pedregosos e íngremes, ou enlameados, numa mistura de terra fofa, bosta de mula, búfalo e cavalo. Depois de certo tempo, você começa a achar bosta de mula algo aromático, até agradável, deve ser por causa das ervas que vão comendo no caminho. Não sei se elas comem *cannabis*, que dá muito na beira dos caminhos, como as urtigas e a cânfora. Aqui não é um hábito fumar *cannabis*, talvez por isso elas floresçam como ervas selvagens. Fato: enfiei o pé na lama, minhas botas impermeáveis estão molhando por dentro, acho que vou ter as bolhas que não tive na viagem inteira, cuidei muito dos meus pés, como todo mundo. Alguns, mesmo assim, talvez por terem pés com menos cascão, pois ando muito descalço, tiveram tantas bolhas que foi preciso dar um tempo e andar a cavalo.

Acordamos hoje às 5:30 da manhã para sairmos mais cedo, e agora às 10:00 da noite escrevo com minha lampadinha de cabeça, no quarto que compartilho com Howard numa estalagem na beira da estrada. Mais um dia de onze horas de caminhada. Se não fosse pelo Nurbu e demais sherpas, isso não seria possível, para mim pelo menos. Vários desafios hoje: ponte pênsil de madeira, velha, com buracos, numa garganta profunda e com rio violento; inúmeros rios novos que derrubaram partes da trilha, transformando-a mais ainda numa pista de obstáculos; uma escada numa falésia, com troncos talhados como degraus, que me deixou todo cagado, tendo que descer com meus amigos sherpas conduzindo minhas pernas e pés, como uma marionete (ufa!); atravessar uma cachoeira que apareceu onde era antes uma trilha comum, e assim por diante.

Tirei poucas fotos, mais vivência que registros. Mas as fotos de Cira estarão no site da clínica e da Roshi, acho eu. Consegui aqui tomar um banho de chuveiro quente, mesmo que precário, pela primeira vez em três semanas, três semanas aprendendo a reciclar a água morna das pequenas bacias matinal e noturna. Quando estava no chuveiro, após ficar na fila uns quinze minutos, alguém bateu na porta e disse: "*There's a line here!*" Eu ri e disse, "*I know, I waited there!*" Enfim, quando saí não havia ninguém. É verdade que a latrina era na mesma casinha do chuveiro, que me custou dois dólares (duzentas rúpias nepalesas). Foi uma delícia, mesmo que precário. Incrível como uma chuveirada pode mudar sua vida. Minhas roupas molhadas penduradas do lado de fora do quarto. Uma cama com um microcolchão no estrado duro, que maravilha. E umas boas risadas com Howard, discutindo como mataríamos o primeiro que nos desse bom-dia dizendo "que dia maravilhoso!", gargalhamos e descarregamos um pouco da tensão da caminhada forçada e perigosa.

Além disso, consegui falar três minutos com a Bia pelo telefone via satélite do povoado. Que felicidade ouvir a voz da minha filhota! Chorei de alegria. O telefone era de bateria, a luz era de lampião, havia uma música nepalesa no radinho de pilha da birosca onde o telefone ficava, e aquilo foi o paraíso. Três dólares para chorar de alegria. Foi bom tranquilizá-la, ela tinha ouvido notícia do tufão na internet, pedi para avisar Paula e Carol que tudo está bem.

Amanhã deve ser o último dia de caminhada comprida, mais dez a doze horas para Machakhola. E mais um hotelzinho de beira de trilha, nada de barraca.

Lembro-me do livro de Xenofonte, *A retirada dos dez mil*. Estamos nesse estilo.

MACHAKHOLA, 17 DE OUTUBRO, QUINTA-FEIRA, 11:30 DA NOITE. MAIS OU MENOS A 900 METROS DE ALTITUDE. DIA 23 DA PEREGRINAÇÃO.

Divido um quarto com Kurt. Muito molhado, comi no restaurante da estalagem um prato preparado por meus amigos, depois de ser recebido com cobertores e enrolado pelos companheiros que haviam chegado antes. Carinho e calor no frio da montanha e da chuva, no meio da noite – cheguei com Yam, um sherpa, por volta de 9:00 da noite. Ainda teve gente que chegou numa terceira leva, e a Roshi e mais outros ficaram numa outra aldeia, Tattopanni (quer dizer água quente, é uma estação de águas termais), a algumas horas daqui.

Hoje tivemos um acidente trágico. Julie caiu do penhasco lá embaixo no rio Budhigandaki, que normalmente já é violento, mas que após o tufão estava mais encachoeirado ainda, cheio de correntezas, além de estar gelado. Caiu de uma altura de uns quinze a vinte metros, acho eu, e foi rolando pela encosta.

Tsering, um sherpa novinho, tipo 22 anos, viu o ocorrido

e se atirou na água para tentar salvá-la. Passou correndo por mim que me dirigia para o local onde a trilha subia de novo e de onde minha amiga caíra, eu ainda não entendera o que havia acontecido, vira Trudy gritando e apontando para o rio, quando me aproximava do local, mas achei que era uma mula que havia caído, porque tinha visto uns troncos boiando e confundira-os com nossas bagagens. Quando Tsering passou por mim correndo e gritando algo como *"very dangerous, don't go now!"*, entendi que a situação era grave.

Ele se jogou na água, seguido por Nurbu e Rayner. Tsering conseguiu entregar para Julie um pedaço de madeira para ela segurar, o que possibilitou aos outros dois retirá-la do rio, machucada, mas viva. O pobre Tsering já havia sido tragado pela correnteza nessa altura, lutou, mas a hipotermia venceu e ele cedeu, afundando no Budhigandaki e morrendo como o *bodhisattva* que é. Não o vimos mais.

Julie foi socorrida – afinal somos um minihospital de campanha – imobilizada e aquecida com as capas e casacos de quem estava perto. Prem conseguiu falar no telefone via satélite e pediu um helicóptero, conseguiram transportá-la até um lugar onde foi possível esse helicóptero fazer uma manobra arriscada e pegar nossa amiga, junto com Ken, o médico que a socorreu, e Kat, nossa enfermeira-chefe. Foram para Katmandu, para o hospital da universidade. Julie teve fraturas e concussão cerebral, mas sobreviveu.

O sacrifício de Tsering me mostrou o caminho do bodhisattva em ação. Fazer o que tem que ser feito, sem dúvida, sem hesitação. Não sei se teria coragem de fazer o mesmo. Ficamos parados no sem-tempo olhando Julie ser atendida, olhando o rio, a bela paisagem tingida de tristeza, a vida-morte que flui... Roshi, o tempo todo à cabeceira da Julie, junto com a equipe que a socorria, Ken, Nurbu, Laura, Kat... Em um dado momento, Roshi nos olhou, nós que estávamos mais abaixo na praia – Julie estava deitada sobre uma grande pedra na beira do rio, uns dois metros acima de nossas cabeças – e disse, "vão embora! Sigam viagem, vai escurecer e vocês estarão no meio do caminho!" Saímos do choque e do marasmo e uma descarga de adrenalina me percorreu. Seguir viagem? Sem o Nurbu – sim, porque ele ficaria para ajudar a carregar a Julie na maca improvisada – ai meu Deus! E o medo, que voltou depois do acidente... andar nesses caminhos perigosos sem meu anjo da guarda? Pensei em ficar, mas logo me recompus e vi que estava vivo e inteiro, que aprendera muito com Nurbu e que era hora de pôr em prática o que observei e aprendi.

O grupo que observava partiu na maior velocidade possível. Aos poucos fomos nos distanciando daquela cena, marcada em nossos corações e mentes. Obrigado, Tsering, pelo ensinamento, pela generosidade, pela vida sua e da Julie. Obrigado por salvar minha vida também. Escrevo e as lágrimas molham meu diário.

Terminei levando mais de seis horas para chegar a Machakhola. Corri sem pensar na dor dos joelhos, dos tornozelos, dos pés que chutavam pedras não enxergadas nas pelo menos três horas no escuro junto com Yam, um sherpa de 20 anos, muito gente boa, de chinelos, correndo comigo de mãos dadas no meio da escuridão e da chuva, com minha lâmpada de cabeça, pois ele dera o seu pequeno sol (aquelas lâmpadas solares desenhadas pelo artista islandês Olafur Eliasson) a um de nossos carregadores sherpas da cozinha, com seu fardo de sessenta quilos nas costas correndo e passando por nós no escuro. Passamos por animais, caminhos de pedra, florestas, trilhas derrubadas, bordas estreitas onde nos agarrávamos à parede rochosa com os pés de lado para caberem no pedacinho de terra enlameada que sobrara, chegamos num rio cuja ponte não estava mais lá, arrastada pela correnteza. Chovia e a minha capa estava lá com a Julie. Não importava mais. O que é ficar molhado no frio da chuva no escuro em meio a lugar nenhum? O tempo parara. A vida escorria crua. Dois seres humanos que pouco podiam falar entre suas línguas diferentes, mas muito podiam compartilhar naquelas mãos que se amparavam diante da fragilidade ancestral. Minha noção de perigo e risco mudou.. Sempre tive medo da escuridão, das alturas, da exposição às intempéries. E aqui estava eu, no meio dos meus antigos medos, fazendo amizade com eles, entendendo o desconhecido como algo não necessariamente negativo. Só diferente de tudo que eu já tinha vivido. Morrer deve ser assim. Um trekking noturno à beira de despenhadeiros, com água escorrendo pelo corpo e rugindo lá embaixo na garganta.

Procuramos uma ponte, descobrimos uma ponte pênsil lá em cima, subimos mais uma hora e chegamos nela. Vendo apenas uma pequena porção da ponte iluminada pela lâmpada, ouvindo o fragor da água abaixo, um nada no meio do nada. E uma imensa paz me tomou. Tudo está certo do jeito que está.

Atravessamos a ponte com calma. Balançando, como sempre na vida, enxergando só um pedacinho do caminho, ouvindo muitos ruídos e podendo fantasiar desgraças ou simplesmente estar presente com o que acontece a cada momento.

Nenhum pesadelo meu jamais foi como o dia de hoje. E nenhuma experiência de iluminação foi como esse zazen da corrida na escuridão. Dogen Zenji: a questão da vida e morte é de importância suprema.

Estou com duas imensas bolhas de sangue, uma em cada pé, nas bordas externas. Bom, isso é nada também. O cansaço é fato. Achei que ia tomar um banho, quando me ensaboei a água acabou. Rio e choro ao mesmo tempo. Me estico na cama, sinto minha musculatura exigida relaxar. Boa-noite.

Capítulo 9
Voltando para o Ocidente

AVIÃO DA SILK AIR, 20 DE OUTUBRO, DOMINGO, POR VOLTA DE 8:00 DA NOITE, QUASE ATERRISSANDO EM CINGAPURA, A CAMINHO DE PARIS. UM DIA DEPOIS DO TÉRMINO DA PEREGRINAÇÃO, EM 19 DE OUTUBRO, DIA 25 DE NOSSA JORNADA.

Em 18 de outubro tivemos a última caminhada, tipo umas seis a sete horas, para chegarmos onde um ônibus nos pegaria. Caminhada mais fácil, não fosse pelas bolhas sanguinolentas nos pés e a roupa totalmente molhada.

Os ônibus marcados não chegaram, provavelmente devido ao estado das estradas de terra. Nossos guias arrumaram dois ônibus locais, daquele tipo com gente no teto, para irmos até onde pernoitaríamos, em Arughat. Uma parte dos nossos desistiu logo nos primeiros quinze minutos de curvas em estrada de terra estreita e lamaçais, com o rio rugindo bravo lá embaixo, preferindo cumprir o final a pé. Outros, como eu, a maioria mais velhos, decidiram ficar no ônibus e entregar a Deus, por absoluta falta de condição de andar mais na lama. Pensei: já fiz o que podia, agora não está mais em minhas mãos. Seja o que Deus quiser. E relaxei.

Conseguimos chegar a Arughat, onde jantamos e dormimos, Howard, Kurt, Bill e eu num quarto, o hotel um tipo muito exótico da *belle époque* nepalesa com bonecos da Disney como enfeites no jardim – algo que parecia filme de terror classe C. O quarto era um cenário *fake*. TV sem funcionar, telefone sem funcionar, sala de banho com chuveiro sem água, máquina de lavar roupa sem água e apenas uma privada funcionando, com água da pia para dar descarga. Enfim, tudo cenográfico, nosso quarto também era cheio de bichinhos de pelúcia. Cheguei a pensar que tinha morrido e que aquilo era um purgatório *kitsch*. Os sonhos ficaram muito estranhos neste final. Sonho com trilhas intermináveis, caminhadas infinitas, misturo lugares e tempos. Está tudo meio confuso.

Dia 19 passamos o dia inteiro em um ônibus um pouco melhor, muita lama ainda e a chegada ao Hyatt afinal. Banho!!!!!!

Jantar, com um conselho emocionante depois, no quarto da Roshi, com a presença da Julie, ainda um pouco confusa na cadeira de rodas. Perdi o sono e fui dormir às 4:30 para acordar às 7:00. Falei com a Bia, troquei e-mails e avisei geral que estava vivo. E bem, apesar dos pesares, das bolhas sanguinolentas e do tornozelo esquerdo inchadão. Normal.

Ainda 20 de outubro, quer dizer, em Cingapura seriam 5:40 da manhã do dia 21 de outubro, mas estou em um avião da Singapore Airlines provavelmente sobre a Índia... Em Katmandu seriam umas 3:15 da manhã... estou voltando no tempo, quando chegar a Paris, após treze horas de voo, serão 7:20 da manhã de 21 de outubro lá. Na verdade, terão sido dezoito horas de voos mais quatro horas em terra em Cingapura. Enfim. Tentando me localizar no tempo-espaço, ser-tempo que sou.

5:15 da manhã em Paris, estamos voando sobre a Europa Oriental, a duas horas e quinze minutos da chegada. Dormi umas sete horas. Sonhos estranhos, misturava nossa comunidade na peregrinação com o avião. Toda noite sonho com a peregrinação. Deve ser uma tentativa de elaboração.

HOTEL VENDÔME, QUARTIER LATIN, PARIS, 22 DE OUTUBRO, TERÇA-FEIRA, 6:45 DA TARDE.

Gosto muito de Paris, mais do que de Nova Iorque, menos do que Londres. Tenho me virado razoavelmente bem em francês. Ontem, ao chegar, encontrei um amigo no hotel, deixei minhas coisas e fomos passear a pé pelos arredores... Vi a arena de Lutécia, o "coliseu" da antepassada romana de Paris, e outras pequenas joias secretas, almoçamos na Place des Vosges e conversamos muito, foi uma delícia conversar em português com um amigo cuja alma toca a minha.

Fui jantar na casa do André e da Ruth, encontrando além deles o filhote Caio, e meus cunhados Mariza e Roberto. Foi uma noite de família, tipo voltar um pouco para casa, acolhido no lar mesmo estando em Paris. Faz um mês que estou fora do Rio. Sinto falta da presença física da Marcia, às vezes a sensação é bem forte. Essa saudade maior talvez indique uma proximidade espiritual. De qualquer jeito, tive muita proteção nessa viagem, volta e meia me agarrava com meus mortos queridos. E sentia a presença deles ao meu lado. Rezei muito todo o tempo.

Hoje fiz coisas concretas e passeei sozinho. Deixei as roupas mais fedorentas para lavar a seco, pego amanhã. Lavei as peças mais íntimas numa lavanderia automática por aqui. Falta só limpar as botas, mas vou ver se consigo limpá-las na Islândia. Comprei uma mala nova, pois o mecanismo de uma das que trouxe quebrou. E achei filmes para máquina fotográfica analógica, finalmente. Foi gozado ver a cara dos vendedores nos aeroportos de Dubai e Cingapura quando perguntava por filmes. Uma chegou a me levar para o setor que vendia porta-retratos na sua loja. Ah, o mundo moderno. Pensei que fosse fácil achar filmes no Nepal, que nada. Só em Paris.

Andei muito, passei pela Notre Dame, pelo Museu D'Orsay, pela ponte de pedestres que vai para as Tulherias e o Louvre, onde tirei muitas fotos com a Marcia, idos tempos... Saudades. Andar sozinho por aqui é estranhamente familiar. Sinto que foi acertado decidir passar um tempo na Europa antes de voltar para o Brasil, e não só pela saudade de minha filha Carol e do meu genro Kristján que vou rever dentro de dois dias na Islândia. A peregrinação não terminou quando saí de Katmandu. Continua firme e forte no meu coração, e preciso de um tempo para voltar para minha terra e negociar uma forma de voltar a viver lá. Não sou mais o mesmo e tenho a impressão de que vou precisar de arte para retomar minha vida. Bom estar aqui e vi-ver a arte cotidiana, estando com familiares e amigos antigos, como a que encontrarei amanhã e novos com os quais vou jantar hoje, mas tendo ao mesmo tempo espaço de quietude e silêncio para elaborar minhas vivências. Não seria legal cair direto na rotina antiga no Rio.

HOTEL VENDÔME, 23 DE OUTUBRO, QUARTA-FEIRA, 6:00 DA TARDE.

Hoje fui ao Museu D'Orsay basicamente para ver a exposição sobre o nu masculino, desde a Antiguidade clássica até hoje. Muito legal, aborda vários temas, desde a idealização do corpo até a repressão e a homossexualidade. Fui depois ao Museu Rodin, passei na igreja de St. Germain-de-Près, a mais antiga de Paris, onde acendi velas por Tsering, Marcia e minha mãe e rezei. Gosto muito de entrar em igrejas antigas e rezar, ficar sentado e ajoelhar diante do Mistério, reverenciar os que já se foram e me acompanham no coração, acender velas pelos mortos e pelos vivos queridos. Essas paradas me lembram de respirar, me aquietar, andar em um ritmo natural e me ver como parte de um mundo que flui, tranquilo e majestoso, seja em que ritmo for, no tufão nos Himalaias ou no restaurante onde almocei, perto do Panthéon, onde comi *moules e pommes frites* em homenagem à minha amiga Regina e às nossas conversas sobre vida e morte.

Peguei minha roupa ex-fedorenta e agora estou descansando um pouco, antes de sair para jantar na Mesquita com minha amiga brasileira que vive há anos aqui. Sinto que muita coisa está em movimento dentro de mim. Sinto-me mais presente, mais dono de mim mesmo, sendo nada no meio de nada, *nothing special*, mas contente. Tratamento de choque para o ego no Nepal. Recomendo. Mas com uma boa preparação antes e bem acompanhado. Não é um lugar para se ir sozinho e sem bons guias. Também não se pode ser fresco nem dramático. Bom, é claro que se pode comprar um pacote e ir para uma excursão que poderia ser em qualquer lugar, Dubai, Mumbai ou Taiti e ser parecida, tipo visita aos shoppings ou a Epcot Center. Entretanto, não desperdiçaria minha grana para ir a um lugar como o Nepal e não fazer algo tipo uma peregrinação. Aliás, toda viagem talvez devesse ter esse espírito. Acho que seria bem mais proveitoso e modificador para a vida da gente.

V

OS BARDOS

Capítulo 10
Calor na ilha do gelo

AVIÃO CHAMADO ÖRAEFAJÖKULL DA ICELANDAIR, 24 DE OUTUBRO, VOANDO DE PARIS PARA REYKJAVÍK, SÃO 12:49 LÁ AGORA, CHEGAREMOS ÀS 15:40 NO AEROPORTO DE KEFLAVIC.

Parece que ninguém mais escreve à mão. Pelo menos que eu veja, estou na última fila do avião. E nem escrevem em alguma tela. Todos vidrados nas telinhas das TVs, com seus fones de ouvido. Parecemos uma raça de zumbis, sempre nos separando do ambiente onde estamos. Agora, após um mês sem internet nem telefone, vinte e cinco dias sem energia elétrica nem água corrente, tem sido difícil querer escrever até no Facebook. Curto algumas coisas dos amigos, troco mensagens, mas, na boa, quero pouca conversa. Estou sozinho numa fileira de três poltronas, consegui esticar as pernas.

Hoje meditei e dediquei a meditação para o Tsering, uma semana de seu falecimento. Nós todos do grupo combinamos fazê-lo, tentando em um mesmo horário, mas pelo menos juntos nos dias de aniversário de sua morte até se completarem as sete semanas do bardo.

Eita turbulência, estamos no meio do caminho, sobre o mar da Irlanda, dei uma cochilada de uns quinze minutos, mas foi profunda... Acordei com as sacudidelas da turbulência.

Vou mudar minha rotina de trabalho, diminuir o tempo em que fico atendendo. Preciso me dedicar mais à meditação formal e à atenção plena no dia a dia. Escrever mais. Malhar mais. Preciso conversar com a Roshi sobre a ordenação. Vou costurar o o-kesa e o rakusu, mas no meu ritmo e tempo. E não pretendo ficar muito ligado ao *establishment* budista.

Também fiquei mais próximo da minha brasilidade, seja lá o que isso for, mas é a palavra que me vem à cabeça. Não como uma propriedade orgulhosa do ego, mas como jeito de manifestar uma singularidade momentânea no mundo. Compaixão, mutirão, doçura, ternura, flexibilidade, acolher e escutar: nossas melhores virtudes. Excessos afetivos, irresponsabilidade, falta de educação e de noção do coletivo, manipulação afetiva e sexual, preguiça, *laissez-faire* nos vícios, arrogância, falta de autocrítica e de percepção da realidade, projeção paranóide: nossos piores defeitos.

Apesar de, eventualmente, fantasiar relacionamentos sexuais, não me vejo em uma relação amorosa de novo. Só por milagre, acho, aconteceria, seja com mulher ou homem. Estou num momento muito particular, de certo modo "privativo". Ontem, jantando com uma amiga que mora em Paris há três anos, no restaurante da Mesquita, conversamos sobre o tipo de momento em que o estar só interiormente e preservar o silêncio externo são preponderantes. Neste sentido, a peregrinação apenas começou. É a aurora da possivelmente última fase da minha vida: desligamento progressivo dos modos de viver anteriores, valorização dos vínculos afetivos existentes, intensificação da prática no dia a dia, cuidado de si mais atento, mais silêncio, menos balbúrdia, valorização do essencial levando a uma simplificação da vida, restrição às cadeias mundanas representadas por nossos personagens ligados a *status*, fama, lucro, mesmo quando travestidos e envolvidos com as boas intenções.

Decidi ajudar com respeito e cuidado minha família nepalesa. Vou procurar apoios para essa missão. De um jeito que possa beneficiar todos os seres.

Tenho sonhado toda noite com caminhos longos e difíceis,

junto com meus companheiros de peregrinação. Misturo lugares, pessoas, mas talvez seja um jeito de elaborar. Talvez seja um leve transtorno de estresse pós-traumático. Ou médio transtorno. Seja como for, estou mais forte psiquicamente (e talvez também fisicamente, apesar de sequelas articulares) do que jamais fui. Esse ritual de passagem foi, junto com a doença e morte da Marcia, de uma intensidade singular nesta vida.

Nos dois rituais, senti angústias profundas, desesperadoras; medos terríveis; sofri perdas; e descobri que existe uma rede de seres sempre nos sustentando, vivos e "mortos". Na minha fragilidade e vulnerabilidade, em ambas as situações reencontrei amigos, irmãos e familiares, a rede que me dá suporte.

Em ambas as situações atravessei abismos, os vales das sombras na escuridão, e pude transformar medo em respeito, angústia em compaixão, falta dolorosa em saudade, sempre ajudado. Sempre posso contar com mãos que me seguram, basta estar com o coração aberto para procurar.

O koan de Avalokiteshvara, o bodhisattva da compaixão, tomou mais um significado para mim, semelhante ao dito bíblico "bate e a porta se abrirá". Cada um que me sustentou e acolheu foi um dos mil olhos que me viram e mil braços que me sustentaram.

(No início da parte II do Sobretudo, o diário que minha amiga Dani Karam faz artesanalmente em BH e que me ofereceu como companheiro de viagem, onde anoto o que aqui vai escrito, está o título "Confissões Inconfessáveis")

Vivo confessando o inconfessável para mim mesmo. Mas uma parte do processo da compaixão é saber o quanto podemos nos desnudar diante do outro sem provocar mal-estar, constrangimento, sofrimento. Assim, nem sempre me mostro inteiro, apesar de buscar aparecer claro como me sinto e acho sendo.

HVERAGERDHI, ISLÂNDIA, 25 DE OUTUBRO, 8:45 DA MANHÃ, CASA DE MINHA FILHA ANA CAROLINA E MEU GENRO KRISTJÁN MÁR OLÁFSSON.

Dormi bastante. Mesmo acordando duas vezes para ir ao banheiro, deitei tipo 10:00 da noite e acordei 8:15 da manhã. Não sei se o remédio da próstata foi afetado pelas temperaturas, altitudes e/ou pressão, mas parece estar funcionando menos. Ou então é certa bagunça fisiológica minha resultando dessas alterações todas, inclusive as mudanças de fuso. Vamos ver como evolui nos próximos dias.

Acho que já escrevi como toda noite tenho sonhado com peregrinação pelas montanhas, com nosso grupo. Nesta noite foi mais tranquilo. Parecia mais com o Rio de Janeiro, como uma mistura do Rio com algo dos altos vales do Nepal. E eu como "diretor" da nossa Sangha brasileira, pensando em como seria a próxima fala do darma. Ao mesmo tempo, via caminhos "antigos" no Jardim Botânico e pensava que aquilo fora um treinamento para o Nepal. É como se também fosse chefe no JB propriamente dito. Havia um trecho que era um restaurante e outro uma farmácia, outro em que apareciam Pasang e Angdu, outro em que nadava numa piscina (talvez influência da piscina em que fui com Carol ontem à noite, três graus fora e 30 graus nadando, além dos banhos mais quentes tipo ofurô). Carol e Kris estão numa *trip* muito saudável e legal. Estão bem, do jeito que querem estar, vivem vidas mais simples e tranquilas.

Devo escrever para a Roshi por estes dias. Pretendo relatar como está a minha prática agora, como vejo a volta neste momento, e avaliar qual seria a melhor época para a ordenação. Em paralelo, tem a questão delicada do *establishment* monástico budista tibetano, para mim bem diferente do papel do Dalai-Lama e diferente da fé e devoção da mãe do Tsering, por exemplo, que lembram muito a fé nordestina simples e direta da minha falecida mãe. E que não têm nada a ver com a vontade de poder de alguns rinpoches e a estrutura econômico-militar de alguns mosteiros.

Tenho uma visão muito crítica das instituições religiosas. Talvez devido à influência do meu pai e da minha mãe, praticantes de suas fés, mas resistentes e críticos às instituições, sempre *outsiders*, mesmo sendo meu pai um tipo de pai de santo da umbanda e minha mãe uma católica fervorosa, devota de Nossa Senhora da Cabeça (bom, virei psiquiatra, não é mesmo? Será influência da santa?). Ou talvez devido a algum conhecimento histórico crítico sobre o papel da igreja no Brasil e na Idade Média, ou a questão do estado feudal teocrático tibetano (ué, isso difere do Vaticano na Idade Média?)

O fato é que essas relações com as igrejas são delicadas. A posição do *Batchelor* me é mais simpática. Empoderar os coletivos leigos, com todos os seus defeitos, me parece o mais indicado, deixar a religião separada do Estado e sem poderes para nele interferir. Por outro lado, criar uma forma de sustento – tipo Upaya – com contrapartida de educação, ou sustento pessoal, que não implique em ver os religiosos como detentores de um poder ou intermediação.

Nossa prática depende de muita prática no dia a dia. E não falo do visual das perninhas cruzadas e olhar perdido no além... Falo do dia a dia da atenção plena quieta, serena e vigilante, que inclui a postura formal de zazen, mas fá-la se entranhar verdadeiramente no cotidiano.

(Kris prepara café ouvindo rádio na cozinha. Lembra minha tia Marlene de manhã quando eu era criança.).

Tantas formas de viver – Nepal, França, Islândia, Inglaterra, Estados Unidos, Canadá, Brasil – todos os seres interdependentes, tendo que lidar com impermanência, não-eu, originação dependente, samsara /nirvana, criações, ilusões, realidade, caminho.

STYKKISHÖLMUR, 25 DE OUTUBRO, 7:15 DA NOITE

Estamos numa casa de fim de semana que o Kris alugou. Almoçamos num restaurante legal em Reykjavík, do Hotel Borg, depois viemos para cá, a cerca de duzentos quilômetros de Reykjavík, em um fiorde do noroeste. Passamos no caminho por uns brejos, com água quente emergindo de uma fonte no meio do nada.

A Islândia é realmente um lugar surreal, dá para entender porque é o cenário de tantos filmes de ficção científica. Percebo que vim para cá em dezembro de 2011, quase quatro meses depois da morte da Marcia, escrever, ficar recolhido, abrigado pela Carol e pelo Kris. Agora passo uma semana aqui após a peregrinação, numa continuação individual da mesma, em meio às mudanças e movimentos da minha existência. Foi uma boa intuição fazer este caminho de volta. Poder ficar quieto antes de voltar para o burburinho e a azáfama do cotidiano do Rio. Aliás, no momento, o que mais quero é ficar quieto, e Carol e Kris não são do tipo que perturba, pelo contrário.

ÀS 11:50 DA NOITE.

Desta vila parte um *ferry-boat* para a ilha de Flattey, onde Carol e Kris aspergiram a parcela das cinzas da minha mãe que trouxeram. Estivemos nesta vila em 2012, em janeiro, naquela primeira viagem.

Às 10:00 da noite dormi feito uma pedra, acordei agora para xixi e meio sem sono... Ainda estou lidando com o jet-lag, acordando no meio da noite para necessidades fisiológicas que em geral satisfaço de manhã. Acho que só vou acertar isso definitivamente no Brasil, embora aos poucos, venha me adaptando de novo ao Ocidente, aqui, em Paris e proximamente em Londres.

Vou ver se começo a dar forma ao livro em Londres. De repente, publico dois de uma vez. Talvez o início da série No

Caminho da Vida com... Marcia,... Norbu,... etc. O meu próprio "à procura do tempo perdido". Quanta pretensão. Pedirei ajuda aos meus amigos literatos para editar, e acho que vou inverter a ordem, começar pelo Nepal, continuar com a Marcia, bem moderno no trato do tempo. É um jeito de escrever cartas para as pessoas, ao invés de e-mails. Parte de minha personalidade retrô. Obsoleto, porém, *cool*. Com tempo para raciocinar. E sentir. Tempo de escrever sentindo, de coração aberto.

Capítulo 11
Bailando com as dúvidas

STYKKISHÖLMUR, SÁBADO, 26 DE OUTUBRO, 5:30 DA TARDE

Nesta hora sempre sinto sono, agora... Acho que tem a ver com o Nepal ainda, lá seriam 11:21 da noite, aqui são 5:36 da tarde. Adoro esses horários de celular.

Passeamos por aqui hoje, 3°C, muito vento, faz ficar mais frio. Fomos à piscina, tão bom. A Islândia tem uma característica muito aconchegante para mim. Deve ser a sensação da água quentinha...

Lembrei agora que vi o Everest do avião, indo de Katmandu para Cingapura.

11:00 DA NOITE

Tirei um cochilo de uns quarenta minutos naquela hora e fomos jantar depois. Carol fez uma massa com molho de camarões, tomate e limão que ficou uma delícia. Depois vimos o filme do quarteto fantástico na TV local, em inglês, com legendas em islandês. Vim deitar agora, fiz uma massagem nos meus pés e pernas. Meu tornozelo parece bem melhor com a tornozeleira que comprei aqui, as antigas deixei no Nepal com meus amigos sherpas.

Meditei um pouco de manhã, foi bom voltar à prática formal. Meu dia a dia tem sido muito meditativo, muito silêncio e contemplação. Ser acolhido pelos dois aqui é muito bom. Não perturbam, passeamos de um jeito e num tempo tranquilos. Assim posso relaxar, ficar comigo mesmo e descansar, além de refletir e redigir estes textos.

A Islândia é um lugar que induz a uma vida mais simples e tranquila mesmo. Eles vivem assim, curtem coisas e prazeres simples: um hotel charmoso e antigo, objetos feitos à mão por artesãos locais, silêncio, tranquilidade, luzes e névoas, ventos e abrigos.

Fiquei talvez com algum incômodo vendo uns *posts* no Facebook. Algo como "MDB", "meditação para o bodhisattva moderno" (!?).Tendo a querer me afastar dessa digestão capitalista da meditação, essa manipulação nada habilidosa de um sistema totalmente anticapitalista e anticonsumista para transformar a meditação numa técnica separada de seu contexto de despertar, de sair do sono e dos sonhos hiperconsumistas de uma pseudofelicidade.

Não tenho vocação para ser esse tipo de professor. São esses dois Caribdes e Scylla da odisseia do praticante atual: virar um carola budista ou um *cool* praticante de meditação moderna. Ambos me desanimam e fico pouco disposto a ensinar. Até porque acho que meu caminho serve para mim, por que impô-lo aos demais? Posso praticar meditação e ação compassiva engajada e quem quiser pode praticar comigo.

Não quero ser nada nem ter título algum. Minha linhagem é a vida dos ancestrais transmitida a mim por meus pais e mestres. Será que essa minha rebeldia adolescente é só isso mesmo? Leio meus diários dos 13, 14 anos e encontro lá esse espírito de não estar à venda. Isso significa romper com meus professores? Significa que eles são vendidos para o sistema? Não. Cada um faz o que pode e sente que é sua tarefa neste mundo. Gostaria de continuar praticando com todos. Mas é preciso fazer parte de ordens?

Não tenho problemas em ficar cheio de dúvidas nem de fazer questões. Pode ser que meus alunos e simpatizantes fiquem chateados, mas é assim que existo neste momento. Claro que grupos humanos precisam de regras e acordos para funcionar. Mas a questão crucial aqui é poder e autoridade. Quem te autoriza para ensinar? Por que alguém vai contribuir para você continuar a sustentar um espaço de prática? O que é realizar cerimônias, cobrar por elas? O que é servir uma comunidade? Raspar a cabeça? Andar com roupas exóticas, reforçar a transferência idealizadora? Pessoas vivem e morrem, praticando profundamente... O que é receber um nome de darma pós-morte, como homenagem (paga)?

Tudo isso dança em minha mente e não tem uma resposta clara. Vejo um caminho na prática, no mutirão com a comunidade, na ajuda para que os oprimidos e despossuídos possam se empoderar e recuperar sua autonomia e dignidade.

Não simpatizo com vanguardas do proletariado, luminares da esquerda, ditadores fascistas, professores ditos iluminados, partidos, seitas e mosteiros ricos. Pode ser que eu seja apenas mais um rebelde sem causa, um velho com crise de adolescência. Mas, desde que comecei esta peregrinação, reencontrei meu caminho e esse fogo que arde desde o tempo da minha primeira comunhão, com 8 anos, quando disse para minha mãe que não queria mais frequentar a igreja porque as coisas que falavam não combinavam com o que faziam e como maltratavam a nós, alunos de catecismo.

Sem rejeitar nada que surge no campo da consciência, numa conversa aberta comigo mesmo, pelo menos. O quanto poderei ir vivendo disso tudo e dessa maneira no cotidiano, não sei. Mas me agrada estar vivo e poder continuar desconfortável. Talvez o luto estivesse me deixando menos rebelde do que naturalmente sou. E elaborando o luto, incorporei muito da Marcia no meu modo de existir agora. Esse é um mecanismo interessante, vi funcionar na morte do meu pai e agora vejo no luto da Marcia. Em relação a minha mãe ainda é cedo para encontrar as identificações que vão fazendo seu lar no meu coração, mantendo essas pessoas queridas vivas em minha expressão neste mundo.

STYKKISHÓLMUR, DOMINGO, 27 DE OUTUBRO DE 2013, 10:45 DA MANHÃ.

Daqui a pouco voltaremos para Hveragerdhi. Dormi bem, tomamos um bom café da manhã. Aos poucos vou mudar minha rotina no Brasil. Trabalhar menos no consultório, viver com mais atenção plena, ao mesmo tempo mais recolhido. Tenho que conciliar trabalho social engajado, simplicidade e viver as coisas no meu tempo de vida. Sem correr porque vou morrer, morrer é certo, a hora é incerta. As coisas devem ser feitas em seu tempo adequado, nem rápido demais, nem devagar demais. Fluir junto com a montanha, as águas, os ventos, o mar, nascimentos, mortes, desabrochar, murchar...

HVERAGERDHI, SEGUNDA-FEIRA, 28 DE OUTUBRO, 00:05.

Hoje, no caminho para cá, de carro na paisagem islandesa tão isolada e desértica, tive a sensação dos bardos, de estar no intervalo entre as existências prévias e o renascimento no Brasil. O que ou quem renascerá, não sei.

De volta para o futuro: algum tempo depois de chegar ao Rio, mandei um e-mail para a Holly, nossa capelã dos peregrinos, com cópia para a Roshi, falando das minhas vivências. Serve um pouco como resposta a essa questão, embora neste ponto seja uma interpolação do futuro.

Querida Holly,

É tão bom ouvir falar de você e da Kat. Esta peregrinação ainda está exercendo efeitos em mim e sendo exercida por mim.

Escrevi um pequeno livro sobre a minha experiência, não é sobre a Nomads Clinic, nem o Nepal, nem o grupo, embora tudo isso faça parte do cenário. Mas tem sido uma forma de refletir, de inspirar e expirar a nossa experiência lá de novo.

É em português, então infelizmente não pude mandá-lo para que lesse como fiz com alguns amigos próximos, para receber as avaliações, críticas e sugestões deles. Sinto que essa foi uma forma de compartilhar minhas idas e vindas internas enquanto tento lidar com tudo que aconteceu e também com estar de volta nesse lugar maravilhoso e terrível chamado Rio de Janeiro.

A minha Sanga também está passando pela experiência de ter que lidar com as minhas mudanças. Ouso dizer que agora sou um professor melhor do que antes, mas isso significa que há muito mais trabalho para eles e uma certa fricção enquanto nossa prática se torna mais simples, mais direta, mais silenciosa e mais comprometida. Estou feliz de estar aqui e de estar fazendo o que estou fazendo. Embora às vezes essa cidade e cultura possam ser infernais, incluindo temperaturas que variam entre 27 e 33°C agora no verão, o Rio também é (e talvez seja por causa destas condições) um lugar maravilhoso para nos comprometermos com nossos votos. Sexo, drogas, violência e muitos tipos de música se combinam para criar desafios perante todos aqui e, se você é um praticante zen, o desafio de viver o Darma e não o Drama.

Ao mesmo tempo, na maioria dos finais de semana vou para o lugar na montanha onde estou aos poucos construindo um zendo e um centro de prática/estudo nos moldes de Upaya, mas, é claro, muito menor e em um estágio uterino. O proprietário da terra é um amigo sacerdote, Rainer, que é realmente um irmão de coração e do Darma, alguém que foi um dos principais apoiadores para mim e Marcia durante o processo de doença e morte dela. Temos feito retiros, como em Rohatsu e no Ano Novo, com algumas poucas pessoas, porém dedicadas. Somos um grupo central de sete pessoas que tem praticado e plantado sementes comprometidas do Darma aqui. Eu e eles estávamos muito inspirados pela peregrinação e pelo espírito do nosso grupo Nomad. É como se pudéssemos encontrar apoio e coragem em nosso grupo, nossos sherpas, na nossa determinação lá. Todas essas qualidades são muito necessárias aqui, nesta sociedade, neste ponto específico da nossa história, com tanto conflito, violência e má compreensão.

Então talvez seja estranho, talvez não, que eu realmente sinta pela primeira vez com tanta clareza o motivo que tenho para viver aqui.

Tem outro acontecimento que produziu novos movimentos no meu coração e mente: minha filha, que vive na Islândia, está grávida, ela me deu a notícia pelo Skype no Natal. Então devo me tornar um avô por volta de junho, de um neto islandês. Meus planos são de ir para Upaya no final de maio e permanecer lá até o meio de junho, e então ir à Islândia conhecer a família. Com certeza é uma mudança ser o mais velho da família, já que a minha mãe, que era a última viva da geração dela, morreu há um ano e meio. Talvez eu deva me tornar um pouco mais quieto... ;)

E finalmente, fiz uma tatuagem nova com o mesmo cara daqui, que é especializado em desenhos indígenas, misturando tradições de todos os lugares. Ele também é descendente de índios, como eu, e então fui lá e a fizemos da forma tradicional, contei um resumo da nossa peregrinação e ele criou na mesma hora um desenho no meu braço, desenhando-o a mão livre e imediatamente depois tatuando-o. Eu a fiz no dia 10 de janeiro, e o preenchimento final com preto vai ser feito semana que vem, no dia 24, depois de duas semanas para o desenho cicatrizar.

Vou tentar mandar uma foto em outro e-mail. Contém uma tartaruga, que é o símbolo da viagem, da peregrinação, com uma cruz indígena no casco, significando orientação, direção, o Darma, um grupo de amigos de mãos dadas na parte de cima, sob uma rede de trabalhos compartilhados e um coração, o mar e dentes de tubarão, significando morte e desafio, e brotos de samambaia (uma espécie de planta) se deslindando, o que significa vida e ressurreição. Também um círculo feito por meus ancestrais masculino e feminino, abençoando a jornada.

Bem, esse e-mail é quase um livro. Mas seus convites para entrar em contato sempre brotam nos meus pensamentos e sentimentos. Estou compartilhando isso também com minha querida professora, para que ela possa vislumbrar o que está acontecendo aqui no sul...

Com amor e gratidão por seus ouvidos generosos, uma reverência profunda,

Alcio

De fato, ainda estou com a perna esquerda meio estranha, com aquela sensação meio dor, meio choque elétrico às vezes, que me soa como ciática, quando me escuto. Mas pode ser algo da articulação sacro-ilíaca ou da cabeça do fêmur. Eita velhice da porra!

Senti uma angústia raivosa hoje durante a volta, quando achei que estava demorando demais e me senti perdido no meio do nada, sem saber onde estava nem para onde ia. Foi um deslocamento da minha sensação de não saber realmente onde estou nem para onde vou na vida... Vivi comigo mesmo o sentimento, me acolhi, entendi e resolvi uma parte ligando o *roaming* do celular e me localizando no mapa, risos.

Aprendi mais um pouco sobre meu funcionamento, vendo como posso ficar irritado ao me sentir sem controle e na mão de outro. Também pensei como deve ter sido difícil para minha mãe ter ficado na minha mão durante as viagens que fizemos juntos, lembro-me de como decidia roteiros e tempos achando que levava em conta as questões dela, mas, na realidade, em geral, decidia por mim mesmo e imaginava que ela estaria de acordo. Bom, a gente aprende, desculpa mãe, tudo bem, foi mal, como dizem os adolescentes eternos brasileiros.

Pelo menos não transpareci nada desse aprendizado interno enquanto viajava com meus filhos islandeses, que têm sido tão gentis, discretos, respeitosos e acolhedores. Algo eu aprendi, nestes anos e percursos, sobre minhas questões e não projetá-las no mundo.

De bardo em bardo, veremos quem renascerá...

ÀS 7:25 DA NOITE, EM CASA, ANTES DE SAIRMOS PARA JANTAR.

Dia tranquilo, basicamente em casa preparando para amanhã irmos para Reykjavík jantar e eu dormir no hotel, já que quarta cedinho tenho que ir para o aeroporto.

Fomos eu e Carol para a piscina, água quente, hidromassagem, um pouco de conversa. Sou feliz pelas filhas que tenho, bom dizer isso para elas de vez em quando, a vida é breve, nunca se sabe o momento em que partiremos.

Também foi um dia de mais comunicação virtual, embora tenha sido parcimonioso com isso também.

10:30 DA NOITE, APÓS UM DELICIOSO JANTAR, CHÁ TIBETANO QUE O AMCHI ME DEU E MAIS UNS CHOCOLATINHOS...

Uma amiga me mandou uma mensagem *inbox*, no face, falando sobre fazer uma biografia da minha pessoa, já que para ela tenho as características de um personagem. Poderia ser interessante, porque isso seria uma oportunidade para reinventar essa pessoa, risos. Tudo está muito estranho desde o início da peregrinação até agora.

Nunca fui de ter certezas, mas agora isto está realmente intenso. Vivo cada dia, momento após momento, e não sei quanto dos meus papéis/personagens anteriores quero ou posso retomar. Largá-los também não será simples.

HVERAGERDHI, TERÇA-FEIRA, 29 DE OUTUBRO, 11:10 DA MANHÃ.

Preparei uma lista de coisas a fazer em Londres e no Brasil, entre elas os projetos para Eininji, Humla e para a Ordem dos

Hospitalários no Darma ser uma ordem de irmãos leigos.

Preciso conversar muito com a Roshi. O que importa realmente é a prática engajada, sem dúvida. Mas o revestimento formal também se comunica. Roupas, rituais, tudo isso veicula mensagens, ideologia, visão de mundo. Que mensagens quero veicular com meus personagens? Tudo é comunicação. E sou responsável pelo que transmito.

A morte de Tsering, assim como a da Marcia, foram poderosos clarões na consciência que flui através desta existência singular que chamo de eu. Um momento no fluxo do Universo. Vejo as relações amorosas individuais/duais como manifestações da glória da vida, no seu aspecto mais luminoso, e como enfrentamentos possíveis da angústia da solidão da vida, no seu aspecto mais escurinho. Ambos podem acontecer vibrando também através do sexo, da união terrena e/ou transcendental entre corpos/mentes/ existências.

Tsering doou sua força vital não só para Julie, mas para todos nós. Assim como a Marcia, que teve a generosidade de compartilhar sua vida e sua morte comigo, com nossa família, com nossos amigos e com todos que puderam conhecer sua história.

Honrar suas memórias e seus sacrifícios, as ações que os tornaram sagrados e livres, eis a nossa tarefa.

Estar realmente presentes.

Durante toda a nossa vida existimos em vários momentos em bardos. Estados entre. E temos algumas oportunidades de renascimento. Muitos seres estão sempre nos doando suas vidas e labores através dos alimentos, roupas, das proteções e apoios na vida. Outros, nossos professores queridos, a quem somos eternamente gratos, compartilham formal e informalmente o Darma conosco. Outros ainda cuidam de nós em várias fases da vida e morte, em diversos papéis e formas.

Todos tornam nossas vidas possíveis e ajudam a criar as aberturas para nosso florescimento. Alguns, entretanto, são especiais, como Tsering e Marcia para mim. Suas mortes coroaram e completaram o sentido das suas vidas, nos deixando um *superavit* de amor compassivo, força vital disponível para nossos próprios saltos quânticos, nossa presentificação transcendental em nossas próprias vidas.

Capítulo 12
Abraçando a solidão, encarando a missão

AVIÃO ÖRAEFAJÖKULL DA ICELANDAIR, O MESMO QUE ME TROUXE, 30 DE OUTUBRO, QUARTA-FEIRA, 9:30 DA MANHÃ, VOANDO PARA LONDRES SOBRE O MAR, AO SUL DA ISLÂNDIA, MAIS OU MENOS EM LINHA RETA EM FRENTE A THINGVELLIR.

Dormi profundamente, acordei com o chamado da recepção às 5:00 da manhã, o ônibus para o aeroporto chegou, às 6:00 eu estava entrando no saguão. Nunca fui tão relaxado com horários de viagem. Mudança interessante. Apesar de ainda apresentar pensamentos tipo TOC, meus atos estão menos TOC.

Roshi mandou um e-mail compartilhando o momento em que entregou a foto de Tsering e a kata que a mãe dele tinha enviado para o Dalai-Lama, contando que ele disse que nosso companheiro teria um renascimento muito auspicioso, devido à maneira como faleceu. Quer creiamos nisso ou não, para a família de Tsering essa fala certamente será um enorme consolo.

Internet e Facebook têm um valor como meios de ligação entre as pessoas, torna-se mais fácil viajar assim, com o aconchego dos amigos e familiares, pelo menos para quem funciona como eu, que sempre tenho alguma angústia de separação do meu ambiente e dos meus vínculos de referência. Lembrei-me agora dos livros do Karl May, que li em criança na biblioteca do IBEU em Copacabana, que frequentava muito nos meus tempos livres, até estudava lá, tinha ar condicionado, bibliotecárias atenciosas, enciclopédias, no tempo antes do Google. Karl May era um alemão, não sei se as viagens relatadas em seus livros eram reais ou imaginárias – claro que as ditas reais são também imaginárias, mas falo no sentido mais estrito – e ao ler suas aventuras, assim como as aventuras de Tintim, me imaginava naqueles lugares, mas depois, voltando para casa, para aquela existência classe média dura, escola pública e minha mãe, meu pai e minha tia sempre fora de casa trabalhando, rapidinho achava que nunca faria nada semelhante. Isso era mais ou menos 1967, 1968. Pegava LP`s emprestados na biblioteca, viajava nos livros... Quem diria, um dia tive minha aventura, relendo Tintim no Tibet verifiquei que foi a primeira referência ao Nepal, Katmandu e Himalaias que vi na vida. Por outro lado, essa formação pobre com aspirações pequeno-burguesas em Copacabana deve ter seu papel nas angústias pré-viagem que sempre senti. Sou esse mix, filho da união do marinheiro solto no mundo, com pais imigrantes portugueses, com camponesa vinda dos índios, apegada a sua maloca.

Bom, voltando para a internet, claro que tem o risco de provocar dependência e dar a ilusão de vínculos onde não existem, pode se tornar um verdadeiro vício. Como a mania que nós humanos temos de emitir blá-blá-blá, ao vivo ou virtualmente. Há que se preservar e promover o silêncio. Evitar poluir o mundo concreto, o mundo virtual, os mundos que criamos e habitamos. Podemos criar um voto mais claro de falar só o necessário, está contido no voto da fala correta, mas poderia ser mais claro.

Aí, maluco, a pior coisa que costuma me acontecer na sanga, por exemplo, é sair de uma fala do Darma onde falei sobre algo como fala correta, não desperdiçar a vida com reclamações, a paramita da disciplina, etc. e tal, e a primeira coisa que escuto ao sair é alguém reclamando do ar condicionado frio demais ou insuficiente, do companheiro de sanga que o/a maltratou, que deveríamos fazer aquilo assim ou assado ao invés da maneira que está sendo feita, e assim por diante. Aí penso: está de sacanagem, brincadeira... e dou um risinho comigo mesmo, penso que é meu carma, faço cara de paisagem e sigo em frente.

Bem que meu segundo professor me disse que ia levar uns dez anos para eu sentir o sabor do zen (estava no meu primeiro ano de prática). Vinte e um anos depois continuo aprendendo. Falas do darma têm essa característica. Algumas pessoas acham que tudo que escutam é dirigido para elas, de certa maneira têm razão, pois é dirigido para todos nós, mas outras têm um ouvido muito seletivo e acham que aquilo fala sobre alguns alienígenas, não sobre elas, que sentam três ou quatro vezes por mês, leram autoajuda budista em alguma quantidade e já se sentem adeptas do zen ou mesmo budistas. Se fizer um altarzinho em casa com arrozinho para o Buda, que às vezes está de costas para a porta, aí então está tudo certo. Se algum dia lerem isto aqui, peço que pelo menos não pulem este parágrafo.

Lembro quando criança ia à missa e as pessoas já saíam brigando por alguma razão, fosse o frango assado dominical ou a visita daquele parente chato, além do mendigo impertinente sentado na escadaria da igreja com aquela ferida na perna cheia de moscas. E aos 7 anos algo já não batia bem naquela diferença entre teoria e prática. Hoje eu diria que a atenção plena é algo em falta na maioria dos praticantes de todas as tradições espirituais.

Uma questão correlata é a da indústria do entretenimento. A distração tornada indústria pelo capitalismo, cada vez mais distante da arte como expressão da vida e da comunicação entre as pessoas, cada vez mais usada para influir e determinar corações e mentes. É gozado como criticam o realismo socialista do Stalin e acham que a arte capitalista atual é menos comprometida com ideologia e sistema. Francamente.

Não sei qual seria a forma de estabelecer limites para isso. Só sei que, no atual sistema capitalista global, não existe espaço para coração aberto, boa-fé, ética, compaixão, ação amorosa desinteressada. Quem pratica, nada contra a corrente, para receber doações tem que jogar vários jogos, e a ideologia dominante nos quer fazer crer que essa é a única realidade possível e, além disso, que é a certa e a melhor de todas.

Mesmo governos "de esquerda", como nominalmente o do Brasil, por exemplo, demonstram isso, tornando o acesso ao hiperconsumismo um índice de desenvolvimento. Claro que buscar uma igualdade de acesso à saúde, educação, comida e trabalho é justo socialmente. Mas transformar a todos em devedores de crediários e sonhadores da casa própria, como se o objetivo da vida fosse a linha branca e um carro, TV e o culto evangélico aos domingos, num mundo sem bichas nem maconheiros, parece uma caricatura do sonho de Martin Luther King, Gandhi e Mandela.

O Império Americano vendeu e impôs sua ideologia ao mundo, "democraticamente". Como diz Moniz Bandeira, do jeito que o poderio militar deles vai, apenas as contradições internas e as dívidas poderão fazer cair esse império. Mas enquanto não cai, estamos na sua órbita, junto com seus vassalos europeus, nós a periferia deste mundo central, atualmente gastando mais de 50% de sua grana com aparelhamento militar. Uma estratégia de resistência é estabelecer vínculos entre nossas comunidades periféricas, estratégia de crescimento, amadurecimento, criação e sobrevivência de nossas culturas e jeitos de existir. Evitar a globalização centrada no modelo capitalista norte-americano e sua maneira de existir no mundo, poluidora de vários modos, esbanjadora dos recursos de todos, imperialista, autorreferente e etnocêntrica.

Nada contra os indivíduos norte-americanos, entre os quais conto professores, amigos, companheiros de jornada e prática. É triste vê-los sujeitos a um tipo de opressão cada vez menos sutil, um estado policial com uma retórica de liberdade e uma prática de vigilância, repressão e preconceito. Muitos lutam contra isso, como John Dear, por exemplo, mas são vozes que a mídia não divulga. Mas temos que nos posicionar claramente contra o imperialismo, o etnocentrismo e demais ideologias e práticas que caracterizam esse sistema capitalista abusivo e destruidor de valores comunitários e éticos, que fez dos EUA sua pátria aparente, mas na verdade é um capital sem pátria e sem vínculo, a não ser seus próprios interesses. Basta ver nossas apátridas elites brasileiras, aquelas mesmas que o governo paparica e protege, no seu projeto de governabilidade. Governabilidade me parece aquela coisa de famílias onde têm psicopatas, famílias que evitam situações de conflito porque têm medo desses seus membros doentes, e então perpetuam um pacto de silêncio que só vai corroendo a saúde da própria família.

Não sei nem tenho receitas para resolver as questões complicadas do nosso próprio país, perdido nas contradições de um ideal de potência emergente, um capitalismo selvagem, uma política corrupta mais além do ponto de salvação, educação e saúde sem valores humanos, individualismo e utilitarismo galopantes. Só imagino que qualquer solução deverá passar pelo empoderamento dos coletivos locais, comunidades, cooperativas, pela recuperação do poder pelos cidadãos, mais além das nossas instituições já corrompidas pelo grande capital. Basta ver os lucros dos bancos brasileiros, a ascensão e queda do *enfant terrible* Eike e privatizações, o desgoverno e a irresponsabilidade ambiental no trato da questão da matriz energética, para concluirmos que um governo de esquerda é algo ainda do mundo da ficção.

Voltar desta peregrinação pelo Nepal, França e Islândia, até o momento, me fez ter uma visão mais ácida talvez, mas pressionada pela realidade de que até um país pobre, sofrido e recém-saído de uma guerra civil declarada como o Nepal tem mais valores comunitários que o nosso e é mais seguro para se andar. Bom, não vou nem falar da Islândia. Não é o paraíso que se fantasia no Brasil, mas está a anos-luz de distância na questão do socialismo real e da cidadania.

Como todo personagem que possui um aspecto público, considero importante que aquele que se relaciona comigo saiba com quem está lidando, como vejo e vivo o momento atual. E reitero minha visão de que o Darma é o caminho de nossa prática espiritual engajada no dia a dia de nossos relacionamentos e comunidades: uma prática ética, contemplativa, estética e compassivamente engajada neste mundo. Sua relação com a religião institucional é muito delicada. Considero que quanto mais poder e capital estão envolvidos numa instituição, menos prática acontece, e mais a visão da "realidade" e de uma *Realpolitik* à la Bismarck predomina, mais envolvimento com o *establishment* político-capitalista-militarista progride, em detrimento dos "ingênuos" que acham que podem ter uma existência mais ética neste mundo. Bom, talvez por isso Cristo tenha morrido cedo e Buda vivido fora da sociedade. Mohamed seguiu outra via, talvez tivesse razão.

Nossa prática requer atenção plena permanente. Não só com o que comemos, falamos, fazemos, mas com toda nossa marca, nosso rastro neste mundo que co-criamos juntos. É muito mais complexo que decorar um conjunto de regras, mandamentos e rituais; é saber que a cada instante tomamos decisões e moldamos o mundo através de nosso carma coletivo. Ao mesmo tempo, é simples assim.

Fazer mais a ação correta, fazer mais e falar menos, explicar menos, não ter expectativas quanto ao louvor, admiração, calúnia ou desgosto mundanos. Neste momento, é assim que me sinto, ajo, pratico. Que todos os mortos queridos vivam em mim, especialmente meu pai, Tequila, minha mãe, Marcia e Tsering. Que todos os seres possam praticar as sementes da felicidade e aprenderem a lidar com as dores do envelhecimento, adoecimento e morte. Que possam lembrar que todos compartilhamos a natureza da mudança e que portanto a separação é inevitável, e que nossos atos são nossas únicas posses verdadeiras, não podemos evitar as suas consequências, e que eles são o chão onde ficamos de pé, nosso único chão verdadeiro. (Essa é a última das cinco lembranças, que recito todo dia ao acordar):

> *As cinco lembranças dizem:*
> *– é da minha natureza envelhecer, não posso evitar a velhice;*
> *– é da minha natureza adoecer, não posso evitar a doença;*
> *– é da minha natureza morrer, não posso evitar a morte;*
> *– todas as coisas e pessoas que amo compartilham da natureza da impermanência, não posso evitar a separação;*
> *– meus atos são minhas únicas posses verdadeiras, não posso evitar as consequências dos meus atos. Meus atos são o chão onde fico de pé.*

BEST WESTERN VICTORIA PALACE HOTEL, LONDRES, SEXTA-FEIRA FEIRA, 1º DE NOVEMBRO, *1:30 DA MANHÃ.*

Completei ontem 57 anos. Estou bem, vivo, razoavelmente saudável. Me levei para jantar no Kaspars, um restaurante bem legal no Hotel Savoy, ganhei pirulitos de chocolate de presente lá. Celebrei minha vida comigo mesmo. Lembrei de outra viagem em que comemorei meu aniversário a bordo do avião entre Tóquio e Nova Iorque, em 31 de outubro de 1992. Depois, chegando a Nova Iorque, ainda era meio-dia de *Halloween* e pude comemorar encontrando com minha segunda esposa, perfazendo trinta e seis horas de celebração. Que beleza espichar o ser-tempo.

10:12 DA NOITE.
Li no Facebook que a cremação da minha amiga Natália vai ser amanhã de manhã. Assim fiquei sabendo que ela morreu. Quando terá sido? Como estará o Rafa e a família? Mandei um SMS para a Dulce, vou rezar por eles todos. Me sinto um tanto quanto distante de tudo isso, daquela terra que já foi minha. Essa é uma característica do bardo, da existência entre mundos.

A vida nos Himalaias tem uma qualidade crua, menos ilusões. Dureza mesmo. Nossa vida ocidental é um suceder de criações ilusórias... essa é uma das atividades em que o capitalismo se aprimorou. Criar distração, atenuar a angústia da existência. Deixamos de enfrentar nossos medos verdadeiros e nos tornamos presas de soluções e compulsões que só multiplicam os sofrimentos.

Uma ponte para Machakhola talvez devesse ser o último capítulo deste livro. Mas esta parte da peregrinação tem uma digestão das experiências que no fundo quero compartilhar também, mesmo que possa provocar desinteresse ou chateação nos meus amigos, alunos e familiares.

Difícil crer na morte da Natália. Assim como foi difícil acreditar na morte do Tsering, da Marcia... Curioso como me vejo, quarenta e quatro anos depois de ter começado a escrever meu primeiro diário oficial. Escrever tem a ver com um sentimento de solidão básico, com a interlocução com um si-
-mesmo sempre em devir, vivendo a tensão entre o querer um repouso no já-sabido, conquistado, possuído no imaginário, e o existir exatamente no cruzamento de várias linhas de existência e ação (força) que se atualizam neste ponto de manifestação singular. O não-saber como experiência fundante que para sempre nos atravessa. Somos esse não-saber que torna possível a vida real fora da ilusão, somos essas duas posições ao mesmo tempo.

Fantasiamos a iluminação como a possibilidade de ocupar

uma só das posições. Isso, entretanto, não seria vida. Poder existir nessa tensão permanente, relaxar nela aqui e agora. Essa é a iluminação possível nesta forma momentânea, que ao se transformar em parte do mistério, na morte, nos escapa inteiramente. Há uma questão prática: como viver no Brasil novamente? Desempenhar os mesmos papéis?

Devo lembrar que a vida é breve. Vide Marcia, Tsering, Natália... Minha mãe e meu pai viveram mais de oitenta anos, muito para nossa escala, um momento na escala do Universo. Breve ou longa, a vida só faz sentido se nos sustentamos uns aos outros, se em nossa vulnerabilidade e fragilidade aprendemos a formar nossas redes. Cada nó é forte no cruzamento das linhas de força, cada um de nós deve manifestar plenamente seu potencial e força para que a rede se sustente. Daí a importância de não sermos um peso para os outros, de nos cuidarmos, de evitarmos desperdiçar nossas vidas em choramingos, dramas e reclamações, mal-humor e comportamentos infantis. A vida é dura para todos, ser ajudado quando doente ou ferido ou incapacitado é uma coisa, gozar na neurose e manipular os outros é outra.

Carma também significa que somos responsáveis por nossas escolhas e suas consequências, ninguém tem que ter pena de nós por colhermos o que plantamos. Cuidar da criança em cada um é dar limites para si mesmo e não ficar arrastando as correntes de um passado que já foi e não volta. Podemos viver o resto da vida carregando um cartaz que diz: "sou uma vítima dos abusos de tal e tal, por isso me aguentem como sou," ou podemos exercer nossa capacidade de cuidar e curar o ego e deixar que a natureza búdica se manifeste livre.

Gosto de trabalhar como psiquiatra, acho que só tenho que diminuir um pouco a carga de trabalho para poder me dedicar mais aos outros campos da minha vida. Na sanga, por exemplo. Mas preciso ter clareza se quero continuar monge do jeito atual. Não quero ser um monge no sentido soto-zen japonês tradicional, ser um pároco de cerimônias para a comunidade. Rituais são importantes para demarcar fases e ritos de passagem, mas podem ser simples e sem muita fantasia. Seria fácil me aperfeiçoar no teatro e ser aquele tipo de monge tradicional, mesmo aqueles safados retratados na arte shunga japonesa, aliás, vi uma exposição maravilhosa no British Museum sobre essa arte, arte erótica japonesa do século XVI ao século XX.

Será viável ser outro tipo de monge? É preciso ser monge para fazer votos? É preciso se ordenar em linhagens para ser respeitável? Perguntas... O que sei é que não posso nem quero fugir das perguntas nem das situações geradas por essas perguntas incômodas.

BWVPH, 2 DE NOVEMBRO, SÁBADO, DIA DE FINADOS, ZERO HORA, TRINTA MINUTOS.

Chorei um pouco ao ouvir "Bernie's Chalisa", com Krishna Das, que postei no Face como homenagem à Natália. Às vezes a dor do mundo é muito doída. Muito. *Om Mani Padme Hum.* Cantei esse mantra muitas vezes nos Himalaias, com Nurbu, para espantar o medo e a dor.

BWVPH, 3 DE NOVEMBRO, DOMINGO, 9:25 DA NOITE.

Chove lá fora, oito graus. Mas fez um dia bonito, em geral ensolarado, com temperatura média de dez a doze graus, passeei bastante, inclusive no Hyde Park. Tenho que preparar a fala do Darma da quarta-feira que vem, ver o que desejo transmitir, mesmo que na hora sempre saia de outro jeito. Hoje, quando leio postagens no face sobre budismo ou qualquer coisa do tipo, me causa um cansaço. Vou continuar diminuindo minhas postagens. O face serve mais como um tipo de Messenger que qualquer outra coisa, além de servir para os amigos te mandarem fotos ou coisas interessantes, mas tem muito lixo.

A ideia de ensinar me provoca cada vez mais espanto. Que coragem e que cara de pau. Não tenho paciência para professores com aquela postura de sábios catedráticos. Aqui também vale a fala do meu pai: um professor que trabalha como tal não faz mais que a obrigação e fez suas escolhas, então não queiram tapetes vermelhos nem salamaleques. O risco de prejudicar é imenso. Suscitar a determinação de praticar, no caso do budismo; suscitar a curiosidade, o espírito de pesquisa, a honestidade intelectual, no caso de terapeutas. Em ambos os casos, inspirar os alunos a se afastarem da má-fé existencial, a serem claros e diretos quanto a si mesmos. Que isso os leve a estarem presentes. Que pratiquem e estudem com afinco, com motivação digna e não meramente transferencial, mercadológica ou materialista (incluindo o materialismo espiritual descrito por Chögyam Trungpa Rinpoche). Que possam aprender observando minhas ações corretas e as incorretas, as coisas que transmito do modo adequado e as que transmito inadequadamente, podendo ter clareza para ver as diferenças.

Me pergunto se a prática pode realmente florescer no Brasil, no Rio de Janeiro. É triste considerar que somos uma população treinada e versada na má-fé existencial, na ganância, na violência, na arrogância e no abuso de drogas psicoativas, na teatralidade histérica que se traveste de afetividade, na falta de educação que se traveste de cordialidade, na ambição por *status*, lucro e satisfação sexual e afetiva compulsiva. Nascer no Brasil é de uma pretensão enorme para um suposto bodhisattva. É achar que pode nascer no inferno e fazer o capeta praticar. Caraca, aí, sessão pretensão. É carregar água no dedal para apagar o incêndio na floresta.

Bom, vai ver que esse é o nosso voto, se você acreditar em bodhisattvas que fazem votos pela eternidade. Fazer as coisas na contramão da história. Do jeito mais correto possível, que deve ser o mais difícil. Achar o caminho em meio às ilusões das instituições, dos títulos, das roupas que inspiram idealizações, da grana que ergue e destrói coisas belas, como disse o poeta baiano.

Caminhar passo a passo, como Nurbu e eu de mãos dadas, como irmãos, mesmo que sejamos poucos em caminhos estreitos, caminhos íngremes e perigosos, sem necessidade de reconhecimento, sem valor para elogios ou críticas, fazendo o que deve ser feito. Tendo esse afeto genuíno, tranquilo, silencioso e firme, que te sustenta nas horas difíceis e te acarinha nas mais fáceis, tendo intimidade com discrição e respeito pelo limite de cada um. Que nossa prática engajada seja nosso chão, nosso valor.

Capítulo 13
Continuando a peregrinação

AVIÃO DA TAP, 4 DE NOVEMBRO, SEGUNDA-FEIRA, 7:40 DA NOITE (HORÁRIO DE LONDRES), VOLTANDO PARA O BRASIL, SOBRE O ATLÂNTICO.

Tento escrever sem prejudicar o sono de quem tenta relaxar na poltrona ao lado. Descansei uma hora e meia, mais ou menos, após o almoço. Deitado, ouvia o "canal zen" (risos), talvez tenha cochilado um pouco, mas dormir de dia não é habitual para mim.

Pude observar partes do Saara ocidental; ver aquela imensidão ocre, deserta, de repente, me levou às lágrimas. Chorei e senti uma dor tranquila, junto com a gratidão por voltar para casa são e salvo. Dor por Tsering, Natália, Marcia, sabendo de sua liberdade, mas sentindo algo como a dor do carma vivido, dor por meus irmãos no Nepal que lutam com alegria pelo pão de cada dia. Gratidão por meus companheiros de peregrinação voltarem com saúde para suas vidas, rezando para que possam encarar os desafios desse retorno de uma peregrinação onde ficamos frente a frente com as realidades da vida e da morte e das contradições de nossos países de origem. Gratidão por poder rever as pessoas que amo, minhas filhas, genros, irmãos como Rainer e todos os outros... Me emociono de novo ao escrever. Espero que meu coração continue aberto, livre das couraças que são tão habituais no ambiente em que vivo e transito.

Não julgo quem as utiliza e nem às próprias couraças, cada

um sabe da dor que carrega. Mas de mim sei alguma coisa. Sei que minhas defesas eu as fiz, e que tiveram suas utilidades. Mas há uma diferença entre pele, roupa e armadura. E também entre usar roupas leves, tomar banho todo dia e trocá-las, e ficar usando a mesma roupa pesada anos a fio sem a limpeza purificadora. Gosto de ficar nu comigo mesmo e diante dos outros. Herança do meu pai, simbólica e real, afinal somos meio índios e lá em casa ficávamos com muito pouca roupa ou nenhuma no verão.

Meu pai falava pouco, observava muito, e fazia o que devia fazer, tendo que pagar o preço de suas escolhas, como todos nós. Por ter essa clareza, nunca se queixou de seu destino, não foi arrogante quando estava bem na política como líder sindical dos marítimos nem se queixava de ter sido preso, torturado e de ter passado necessidades após o golpe de 64. Às vezes pensei em pleitear uma indenização por tudo que sofremos nesse período, alegando para mim mesmo que poderia usar o dinheiro para nossas obras engajadas, homenageando meu pai com isso. Mas logo desisti, porque não seria do feitio do meu pai pleitear uma indenização por suas escolhas terem redundado em fracasso político e pela violência sofrida, já que todos dos dois lados eram violentos. Anita Leocádia expressou bem minha opinião sobre esse tema.

Por outro lado, esse lero sobre resgatar a memória não precisa vir acompanhado de grana obtida processando a União, ou seja, a todos nós que pagamos impostos. Prefiro reverenciar a memória do meu pai sendo fiel à educação que ele me deu. Quem cometeu crimes deve receber a punição legal, e é só. O capitalismo transforma até resgate de memória em mercadoria e valor. Valha-me Xangô, meu orixá, meu pai, com seu machado da justiça. Chamei várias vezes por Xangô, o dono das montanhas, e pelos guias índios de meu pai macumbeiro, Jacuacanã e Serra Coral, agarrado nos paredões rochosos dos Himalaias, banhando a cabeça nas quedas d'água, saudando a Oxum e respeitando a Exu nas encruzilhadas. Salve meu pai Omolu, que preside a vida e a morte. A todos convoquei para me dar coragem de enfrentar medos e angústias. Enfim, forças da natureza que nos acompanham do início ao fim da jornada.

Antes de morrer, em seu quarto em casa, meu velho acordou no meio da madrugada, sentou na cama e perguntou para minha tia, — que velava sua agonia, atônita, porque ele já estava há alguns dias sem se mexer nem falar, — se eu era uma pessoa de bem ainda (nessa época eu era chefe de uma divisão de fiscalização de saúde do trabalhador no Ministério do Trabalho, portanto, a pergunta era bem cabível). Após a resposta, sorriu, morrendo numa expiração tranquila. Essa foi uma grande herança. Obrigado, Chico Braz.

Tive muita raiva dele na adolescência, mas isso fala mais de minhas carências e competições com ele do que dos seus eventuais defeitos. Algumas vezes ele era realmente tosco e rude, como o estereótipo dos portugueses imigrantes lavradores pobres da região de Coimbra que eram meus avós, mas isso se combinava com muita força, resiliência, boa vontade e generosidade. Era um diamante bruto, não lapidado. Quando deixo fluir a grossura herdada, dou um risinho por dentro, pensando que ele deve achar engraçado. Eu poderia ter aprendido mais com ele, fora eu menos pretensioso com meus conhecimentos escolares e leituras, mais humilde e de coração aberto para mim e para ele.

Hoje ele vive em mim.

Vejo um período turbulento pela frente com a sanga. O professor que volta não é o mesmo que foi. E, na verdade, existe até uma rejeição a esse papel, tal como habitualmente se manifesta no zen. Como dá para perceber, tenho um olhar muito crítico à forma de existência minha, dos praticantes, do meu círculo, da minha cidade, do meu país, de todo esse mundo que pude visitar.

Com amor por todos, mas sem disfarçar o que vejo. E percebendo como requer paciência trabalhar com isso. Bom, estou treinando agora mesmo, cheirando flatos há mais de uma hora, acho que a comida do avião bateu mal em alguém (risos). Saudade das mulas do Nepal, com sua bosta aromatizada pelas ervas que comiam no caminho. Na boa, saudade das trilhas, dos irmãos de lá, da vida mais direta, clara e simples. Da prática no dia a dia, sem trejeitos, caras e bocas, sem "ensinamentos" formais, sem sábios *fake*.

Vai ser difícil costurar um o-kesa e um rakusu novos. Não só pela costura – apesar de filho de costureira, acho que não levo jeito – mas pelo conflito entre esses adereços, a fantasia que proporcionam, e o dia a dia. Como é ser Buda hoje?

Vi Tsering, a versão nepalesa de um garotão, brilhar como um Buda descrito nos Jatakas, dando sua vida por outrem. Vejo um monte de doentes do ego, fantasiados de urubus, fazendo rituais e se achando... Pode-se até ter o o-kesa e o rakusu, mas quem os usa e para quê?

Um budismo leigo, com rituais simples, marcando necessários ritos de passagem e facilitando experiências vivenciais integrais, treinamento engajado. Ação correta, sem perda de energia e força vital com aparências.

E como funcionaria esse grupo, essa Ordem leiga? O modelo da sokka gakkai não me atrai, tem os mesmos defeitos do monástico sem usar o nome monge. O problema não é o nome, é imaginar que um bhikkshu é um monge e não um mendicante, como no sentido original de irmão da sanga que renuncia às posses mundanas e se retira do sistema. Virou uma pessoa que passou a ter um lugar sagrado no sistema, com a autoimagem de um servidor de todos, mas raramente nessa atividade, mais comumente usufruindo de *status*, fama, muitos assistentes, limusines, motoristas e helicópteros.

Tudo isso é um koan. Uma zona de turbulência como a que ora atravessamos. Escuto Bach e vejo as harmonias e escalas como cores que flutuam no ar, ressoando no coração. Confio na nossa generosidade e bem-querer para que construamos uma bela continuação para esta peregrinação. De novo, obrigado pela vida. Que todos possamos ser gratos e honrar nossos ancestrais. Que as montanhas e rios nos ensinem e que possamos reaprender sua linguagem.

Terminei de transcrever do Sobretudo vol. II para o computador aqui no Alto do Curuzu, Itororó, na segunda-feira, 23 de dezembro de 2013.

Alcio Braz

Revisado a primeira vez entre 03 e 04 de outubro de 2014 em Hveragerdhi, Islândia, onde estou visitando minha primeira neta, a Sunna (sol, em escandinavo antigo), e seus pais, Carol e Kristján.

E várias vezes em 2018 no Alto do Curuzu, relendo a partir do trabalho da minha amiga e editora na Gryphus, a Gisela Zincone, e da equipe de revisores. Obrigado a todos por tornarem possível compartilhar estes diários, além do Flávio, a quem devo as maravilhosas ilustrações!

Gratidão, finalmente, às minhas filhas e a todas as amigas e amigos que pacientemente leram essas revisões em várias etapas e me estimularam a publicar esta caminhada, especialmente Cláudia Travassos e Lydia Murad.

Pequena bibliografia

CHÖDRÖN, Pema. *O Salto – Um novo caminho para enfrentar as dificuldades inevitáveis*. Gryphus Editora, Rio de Janeiro, 2010

CHÖDRÖN, Pema. *Sem Tempo a Perder- Um guia útil para o caminho do Bodhisattva*. Gryphus Editora, Rio de Janeiro, 2008

HALIFAX, Joan. *Presente no Morrer – Cultivando compaixão e destemor na presença da morte*. Gryphus Editora, Rio de Janeiro, 2018

BARNES, Julian. *The sense of an ending*. Vintage Books, Londres, 2012.

HERGE. *Tintim no Tibete*. Companhia das Letras, São Paulo, 2008

XENOFONTE. *A retirada dos dez mil*. Bertrand, Lisboa, 2014

https://www.facebook.com/gryphusgeek/

twitter.com/gryphuseditora

www.bloggryphus.blogspot.com

www.gryphus.com.br

Este livro foi diagramado utilizando a fonte Minion Pro, 11,5/14 e impresso pela Gráfica Rettec em papel off-set 120g/m² e a capa em papel cartão supremo 250g/m²